部活女子からトップ選手まで

女性アスリートの教科書

必ず伸びる、
強くなる

Textbook for female athletes

日本体育大学教授
須永美歌子

はじめに

「女性アスリート」という言葉は広く知られるようになりました。

多くの女性たちが、幼いうちからスポーツに親しみ、運動部やスポーツクラブに所属しています。将来の夢は？と聞かれて「オリンピック選手」や「プロ選手」と答える女の子たちも、もはや珍しい存在ではありません。

以前の日本でしたら、「おてんばで困る」「スポーツなんて女の子のすることではない」と言われたかもしれません。でも現代は違います。スポーツを愛し、その世界で花開きたいと願う若者を、男女の区別なく応援する気風がいまの時代には確かにあります。

それはとてもすばらしいことです。

けれど、一つだけ忘れてほしくないことがあるのです。

男性と女性の体は、根本的に違うということです。

日本のスポーツ指導は、男性アスリートを育てる中で構築された方法論にもとづいています。それがそのまま女性アスリートの指導に用いられているため、女性特有の生理現象を考慮しているとは言いがたいのが実情です。

その結果、月経異常や骨粗しょう症などの重大な健康障害を引き起こしているのです。

「生理なんてないほうがラク」と考える選手本人や指導者がいるかもしれませんが、それは大きなまちがいです。

女性アスリートが強くなる、能力を十分に発揮するためには「女性として健康な体」であることが欠かせないのです。

強く、速く、美しくあるために必要な、筋肉も骨も心肺機能も、女性の場合は女性ホルモンの影響を受けます。したがって、女性の体の特性を理解して女性アスリートのコンディションを調整し、競技力を高めていくことが重要です。

女性アスリートはあくまで女性。男性のミニチュアではありません。

女性の健康をそこなうことなく能力を磨き、女性としてもアスリートとしても輝くためにこの本を作りました。オリンピックをめざすような人から、部活動を始めてがんばろうとしている小中学生まで、すべてのスポーツを愛する女性たちと、その指導者、そしてお父さんやお母さんたちにも読んでいただきたいと願っています。

須永美歌子

Contents

女性アスリートの教科書

Part 4 女性アスリートが輝くためのコンディショニング

青柳徹先生

1968年生まれ。北海道出身。日本体育大学教授、同大学スケート部部長。髙木さんの大学時代の指導者。自身もスピードスケート選手として、カルガリー五輪から4大会連続出場。

須永美歌子

日本体育大学教授。中高生から大学時代は、陸上競技部に所属。現在は月経周期を考慮したコンディショニング法の研究や指導をしている。

髙木美帆さん

1994年生まれ。北海道出身。日本体育大学助手。2010年バンクーバー五輪に中学生で初出場。2018年平昌五輪では夏冬通じて、日本人女子選手で初めての同一大会での金銀銅メダルを獲得。

Interview 01

月経周期で体調も体重も変わる。それを知っている選手はきっと強くなれる

2018年平昌オリンピック、スピードスケートで金銀銅の3つのメダル獲得という快挙を成し遂げた髙木美帆さん。ご自身が経験した「女性アスリートの壁」の乗り越え方を、指導者である青柳徹先生とともに語っていただきました。

高校生で始めた体重管理「顔が丸い」がきっかけ

須永 平昌五輪で大活躍された髙木さんですが、「女性アスリートならではの悩み」みたいなものはありましたか。たとえば思春期に、体の変化にとまどったとか。

髙木 体型が変わったり、重くなって、いままでのように走れなくなったことはありました。

須永 スピードスケートで?

髙木 スケートより、サッカーのほうですね。中学時代、サッカーも真

剣にやっていたんですが、小学生のころには余裕で勝てていた相手に勝てなくなったんです。解決方法が見つけられないまま、中3でサッカーはやめました。

須永　そうだったんですね。体重を減らそうとしたことは？

髙木　それは高校生になってからです。日本代表の先輩（男性）から「太っているよね」と言われて、グサッと心に突き刺さって（笑）。

須永　ひどい（笑）。

髙木　そう言った先輩は体重管理をしっかりして記録も出していたので、「太っていちゃいけないな」と反省しました。アスリートして初めて、自分の体を管理しようと思って栄養学の本も読んだんです。勇気をふり絞って母に「お弁当の揚げ物はやめたい」と相談しました。

写真：ロイター/アフロ

平昌五輪女子1500メートルで銀メダルに。金との差はわずか0.2秒

須永　勇気？

髙木　はい。思春期だったので、体重の話を身内にするのが恥ずかしくて。両親は共働きなのでお弁当は母といっしょに作っていたんですが、揚げ物って手軽ですよね。申し訳なくて……。それでも、真剣に相談したら協力してくれました。

須永　高校生の段階で、強くなるために栄養を変えようとアクションを起こしたんですね。

髙木　私が体重を気にし始めたころ、親が体重計を買ってくれたんです。姉（平昌五輪金メダリストの菜那さん）にはピンク、私には緑。最近さすがに壊れて新しいものにかえましたが、姉はまだ使っています。

須永　子どものやる気を見て、タイミングよくサポートしてくれる親御さんだったんですね。親が口出ししすぎるケースもよくありますが。

髙木　うちの親は、口出しはしないけれど、協力してほしいと頼むと必ずサポートしてくれました。感謝しています。

青柳　髙木は昭和世代の選手みたいな心意気があって、人に甘えないんですよ。お弁当をいっしょに作らせるところとか、親御さんの教育がすばらしいですね。

月経周期を知る指導者は選手の信頼を得る

須永　髙木さんは月経周期の影響を受けやすいタイプですか？

髙木　いいえ、月経痛も重いほうではありません。月経前には体重が少し落ちにくくなりますが。

青柳　髙木は変化が小さいので、必要以上に気をつかわずにすみます。

須永　青柳先生は、女性選手が月経かどうか、わかるんですか？

青柳　わかりますよ。女心はわかりませんが（笑）。

須永　たとえばどんなときですか？

青柳　月経の時期には、骨盤の動きが微妙に変化します。スピードスケートは体にぴったりしたウエアなので、わかりやすいんです。

髙木　確かに月経前後は股関節の可動域が広がる気がします。

青柳　月経前に体重がふえる選手、イライラする選手もいます。指導者は、選手の心身の小さな変化に敏感でなくてはいけません。その観察項目のひとつに月経周期があるということです。「スピードが落ちているが、月経中だからか」「月経前だから体重が少しふえたんだな」とわかれば、本人に問いたださなくてもすみます。それが選手からの信頼につながるとも思っています。

体重管理は目的でなく強い体をつくる手段

髙木　青柳先生は、体重について細かく注意したりはしないですね。

青柳　そうだね。「やせろ！」と指導者になられて、「やせます！」と泣きながら誓っていた選手が、夜中に泣きながらお菓子を食べていたりするんですよ。その子にとっては地獄ですよね。

須永　女性ホルモンの影響で、月経前に体内の水分がふえて、1～2kgふえることはよくあることです。

青柳　指導者はそのことをしっかりと理解すべきでしょうね。

平昌五輪女子団体パシュートで金メダルを持つ髙木さん（右から2人目）。左隣は姉の菜那さん。

写真：長田洋平/アフロスポーツ

髙木　体重管理の目的はやせることではなく、その競技のためにどんな体をつくるか、だと思っています。体重はそのための手段のひとつ。

須永　そう、その通りです。

髙木　でも、私自身は自分の不調を月経のせいにしたくはないんです。月経を言い訳にして甘えたくないと言うか……。

須永　月経周期を考えることは、「甘え」ではなく、「そういうものなんだ」という理解を助けるためのものだと思います。

髙木　そうですね。でも選手自身としては、「女性だから仕方ない」とあきらめる方向に向かう可能性があります。でも私は、ちゃんと課題のひとつとして向き合いたい。その中で、自分のいいところ、武器になるものも必ず見つけられると思うんです。女性であることの強みみたいなものも含めて。

青柳　髙木は自分自身への観察眼が鋭い選手だと思います。それが彼女の強さなんですよね。

須永　知識を自分のものにして向上心につなげる髙木さんは、もっともっと強くなれると思います。今後もがんばってくださいね。

髙木　ありがとうございます！

強くなるために知っておきたい！
月経周期でコンディションが変化する・しないチェックリスト

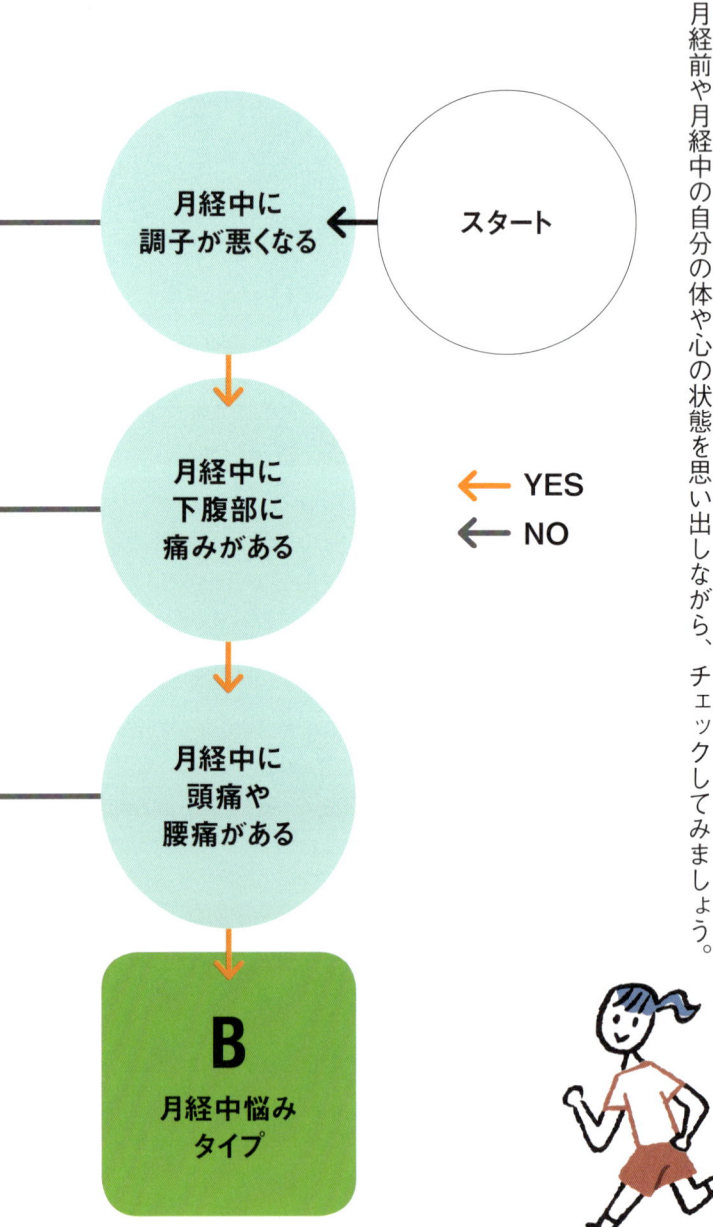

月経前や月経中の自分の体や心の状態を思い出しながら、チェックしてみましょう。

← YES
← NO

スタート

月経中に調子が悪くなる

月経中に下腹部に痛みがある

月経中に頭痛や腰痛がある

B
月経中悩みタイプ

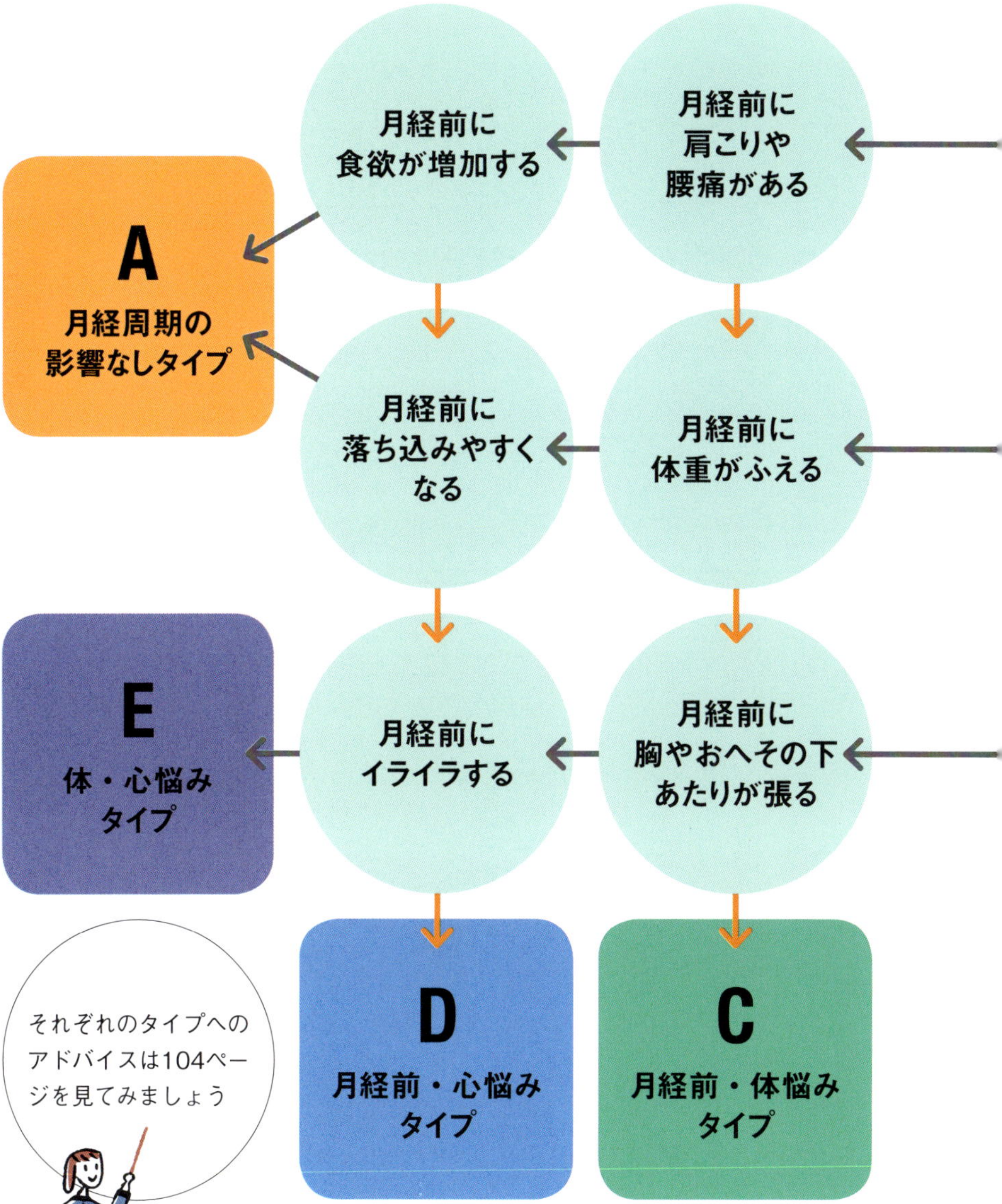

月経前に
肩こりや
腰痛がある
月経前に
食欲が増加する
A
月経周期の
影響なしタイプ
月経前に
体重がふえる
月経前に
落ち込みやすく
なる
月経前に
胸やおへその下
あたりが張る
月経前に
イライラする
E
体・心悩み
タイプ
D
月経前・心悩み
タイプ
C
月経前・体悩み
タイプ

それぞれのタイプへの
アドバイスは104ペー
ジを見てみましょう

Part 1

女性アスリートは男性とどう違う?

1

女性の体が男性と違うのは、女性ホルモンの働き！

女性ホルモンは生殖器だけでなく筋肉や骨、内臓など多くの器官に影響

言うまでもなく男性と女性は平等ですし、優劣はありません。けれど、生物として男女を見たとき、それぞれ異なった特徴をもっているのは事実です。

男女の違いが顕著になるのは、だいたい14歳以降といわれています。12歳くらいまでは、身長や体重に性差はほとんど見られませんが、思春期になると男子のほうが身長も伸び、体重もふえ、体形もがっちりしてきます。女子は胸がふくらみ、丸みを帯びた体つきになって、**月経（生理）**が始まります。

女性が男性化しても強くなるわけではない

なかでもアスリートとして知っておくべき男女の違いは、左のイラストにある四つのことです。これらに影響を及ぼしているのが**女性ホルモン**です。思春期から閉経期までの女性は、骨や筋肉、内臓にまでも女性ホルモンの影響を受けています。男性と女性では、なりやすい病気も、よくあるケガも、平均寿命さえも違います。それは女性ホルモンの影響

男性と女性の違いはここ

妊娠・出産

将来的に妊娠・出産が可能なのは女性だけ。

月経

女性ホルモンの影響で、月に一度子宮内膜が剥がれ落ちて出血する。

筋肉

上半身は男性の約50%、下半身は約70%

脂肪

女性は男性より脂肪が多く、男性に比べて皮下脂肪がつきやすい。

なのです。

このような差異は、スポーツパフォーマンスにも影響を与えます。中学校の体力テストの結果を男女で比較すると、多くの競技で女子は男子の70%前後の数値にとどまります。トップアスリートの世界も同様で、さまざまな競技の最高記録はすべて男性のものです。

そのせいか、勘違いしてしまう人も少なくありません。女性は男性よりも身体能力が劣っていて、男性に近づけば近づくほど、いまより強くなるのではないか、と。

けれどそれは大きなまちがいです。**女性の体は男性とは生物学的に違うのです。**女性ホルモンの分泌が乱れるようなトレーニングはすべきではありません。コンディションを整える、強くなるにも、女性特有の方法があるはずです。そこに注意することで大きなケガやトラブルを防ぎ、結果としてすぐれた競技成績につながるのではないでしょうか。

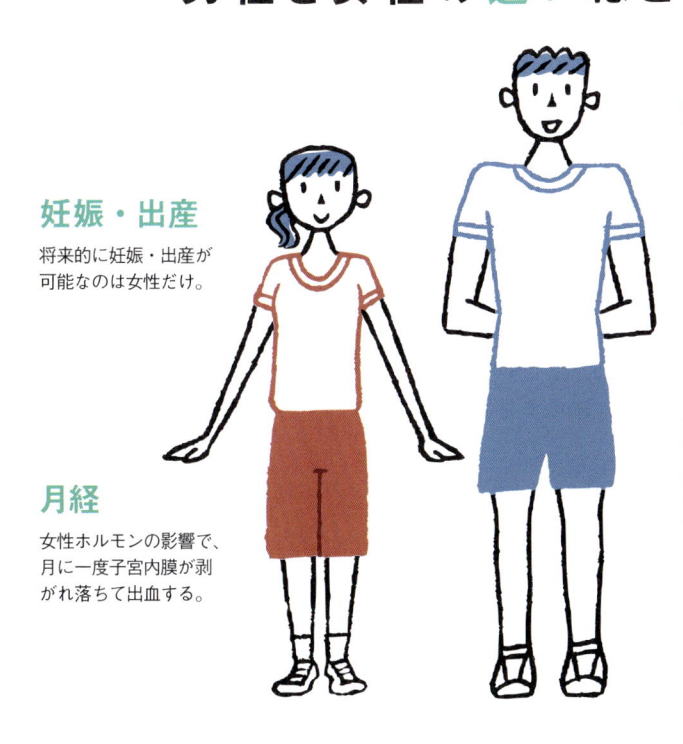

男女の違い
その1

女性の筋肉量は男性より少ない

上半身は男性の半分、下半身は7割程度。アスリートで比較しても1～2割少ない

私たちの体は、筋肉や骨、内臓などさまざまな器官で成り立っています。**女性の体は男性にくらべて、体重に占める脂肪の割合が大きく、筋肉や骨といった脂肪以外の割合は小さい**ものです。一般的な成人男女で比較した場合、女性の上半身の筋肉は男性の約半分しかなく、下半身では7割前後です。

左ページのグラフは、男女の筋肉の厚さを部位ごとに超音波を使って調べたものです。どの部位でも、男性のほうが優位であることがわかります。とはいえ、筋肉は鍛えると大きくなるもの。鍛え上げられたトップアスリートなら男女差はなくなるのでは？と思いきや、日本代表のバレーボール選手を比較した結果でも、**筋肉の厚みは女性のほうが1～2割少ない**ことが明らかになっています。もちろん、まったく鍛えていない男性と女性アスリートを比較したら、逆転するケースもあるでしょう。しかし、本来の女性の体にある筋肉の量が男性より少ないという特性を忘れ、厳しいトレーニングを重ねることはとても危険なのです。

男女の筋肉量の違い

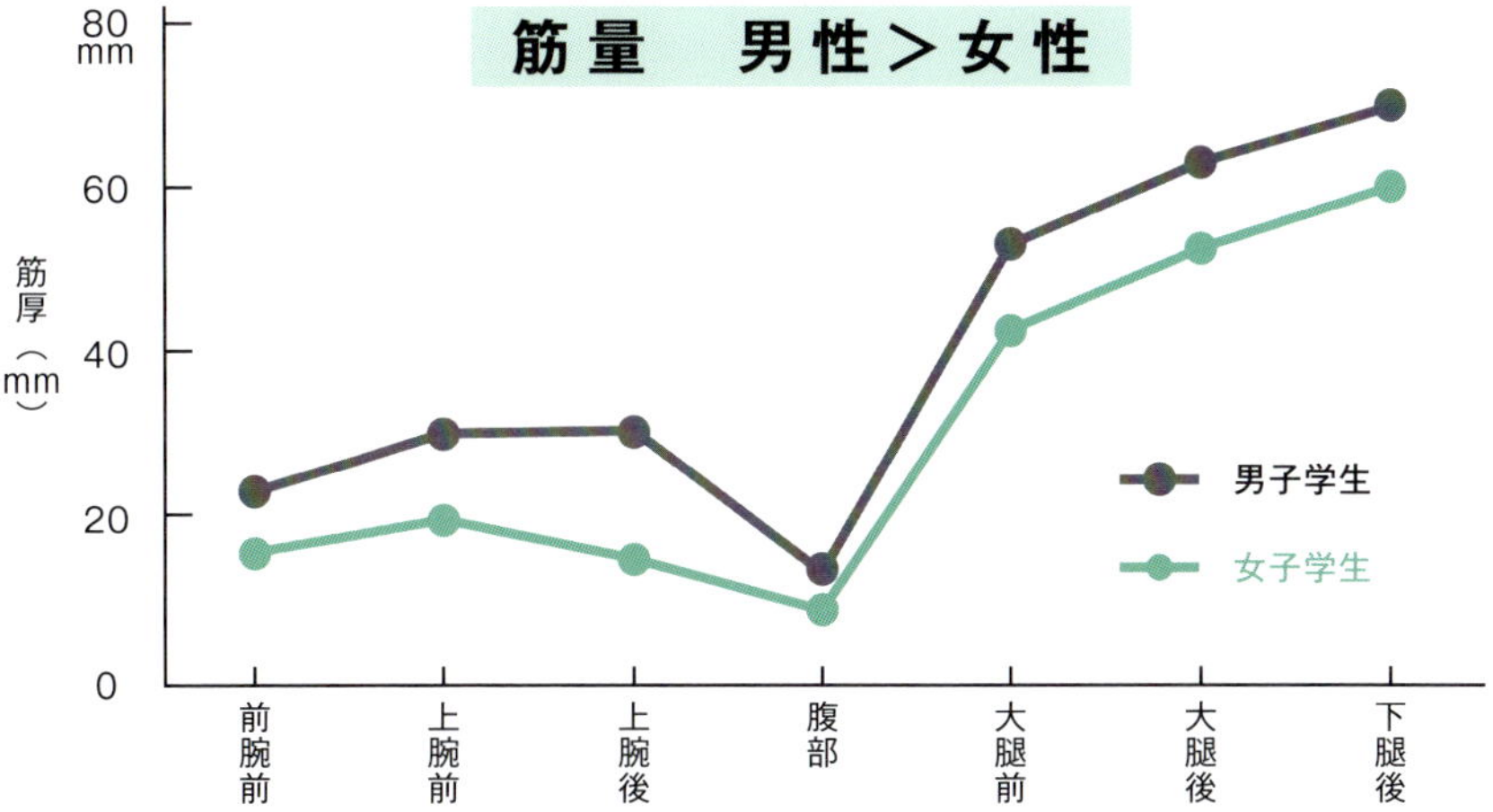

大学生を対象に、男女の筋肉の厚さの違いを超音波法で測定したもの。すべての部位で男性のほうが優位。特に上腕後ろの筋肉の男女差が大きい。

出典：安部と福永,1995

column

女性は筋トレしても筋肉はふえない……はウソ!

「男性にくらべて女性は筋肉がつきにくい」「女性は男性のようにムキムキにはなれない」などといわれますが、それはまちがい。トレーニングによって筋肉が増強するのは男女とも同じです。ただし、女性はもともとの筋肉量が少ないため、同じだけ筋肉がふくらんでも男性のようには目立たないのです。

男女の違い
その2

女性の脂肪量は男性より多い

生きていくために最低限必要な体脂肪率は男性3％、女性は4倍の12％

女性の身体組成の中で、男性より唯一多いもの、それが**脂肪**です。胸やヒップの丸いふくらみは脂肪でできています。「えー？　脂肪なんてじゃまなだけ」と思うかもしれませんが、**「脂肪＝脂のかたまり」ではありません**。血管が通じ、酸素と栄養をもらって生理活性物質を分泌しているたいせつな細胞なのです。

脂肪の量が多すぎても少なすぎても、生理活性物質の分泌が乱れ、深刻な病気の原因になります。多すぎるとメタボリックシンドロームになることは知られていますが、少なすぎると女性ホルモンの分泌が減ったり、食欲調節をするホルモンの働きが低下したりします。

生理機能を維持するために必要とされる最低限の脂肪を、**必須脂肪**といいます。その量には男女差があり、**男性は体重の3％ですが、女性は12％必要です**。でもこれは、あくまで最低ライン。一般的に女性の場合は**体脂肪率20～30％がよい**とされていて、少なくなりすぎると月経が止まることもあります。体脂肪は少なすぎても不健全なのです。

男女の脂肪量の違い

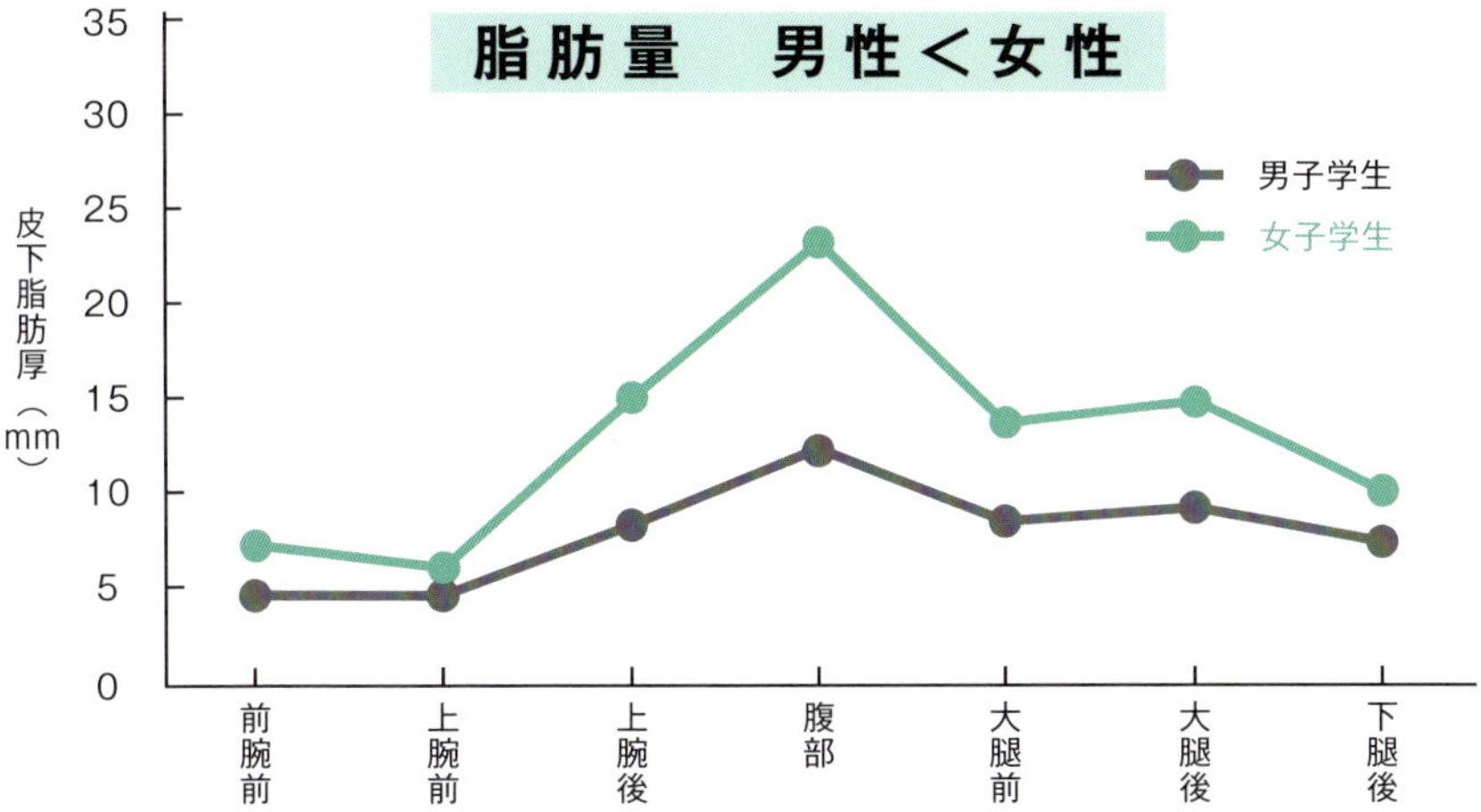

男女の脂肪の厚さの違いを超音波法で測定したもの。女性はすべての部位で男性より脂肪が厚く、特に腹部と下半身に脂肪が多くついていることがわかる。

出典：安部と福永,1995

column

女性は水を飲んでも太る……もウソ!

「私太りやすいんです」という女性は多いですが、太りやすいわけではなく、体重変動が男性よりも大きいのです。実は女性の体内の水分量は月経周期で変化します。そのため脂肪がふえなくても体重は定期的に変動しがち。女性は男性より、体重を一定に保ちにくい性質があることも知っておいてください。

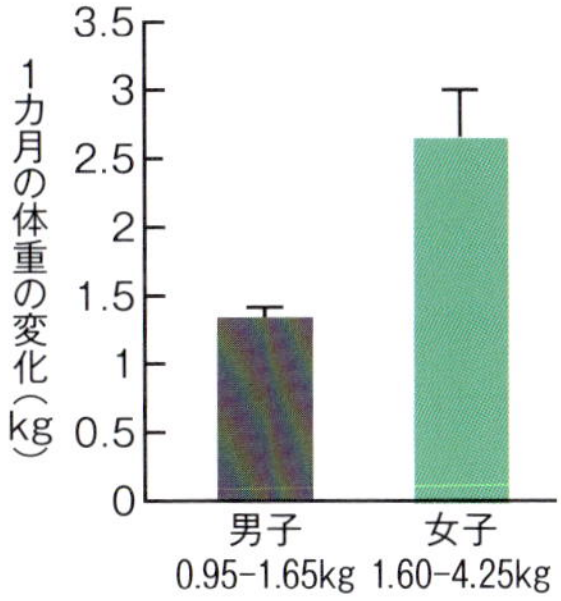

1カ月間、毎日体重を測定して、最大値と最小値の差を平均して比較。女性のほうが体重変化しやすいことがわかる。

出典：Bunt JC et al., 1989より作図

男女の違い
その3

月経があり、妊娠・出産できる

「産む、産まない」は個人の問題。とはいえ産みたいときに産める体を維持したい

男性と女性の最大の違いは、みずからの体を使って**妊娠・出産することができる**かどうか、ではないでしょうか。

女性の生き方は多様になり、妊娠も出産も人生の選択肢の一つと考えられるようになってきました。「女性は子どもを産んで一人前」などと言われる時代は過去のものであってほしいと、女性の一人として心から願います。

その一方で、女性が子どもを産みたいと思ったときに産める可能性は、常に維持してほしいと思うのです。**産むか産まないかを選択するためには、女性としての健全さが土台になくてはなりません**。なのに、女性アスリートの中には「無月経があたりまえ」という人も珍しくないのです。放置すると**将来、妊娠・出産の可能性が奪われるおそれがある**にもかかわらず、「ラクでいい」と考える人がいるのはとても残念です。月経が始まり、体がゆっくり成熟し、将来、妊娠・出産するための準備を整えるのが10代から20代前半。この時期の重要性をすべての人に理解してほしいと思います。

column

女性アスリートは恋愛禁止……の根拠はどこに?

アスリートにストイックさを求める指導者は少なくありませんが、ときに理解しがたいルールもあります。「全員ショートカット」「化粧やピアスは禁止」さらには「恋愛禁止」などなど。科学的根拠はどこにあるのでしょう。女性の恋愛しているときのパワーや、かわいらしさを求めることは、けっしてスポーツパフォーマンスと対立するものではないはず。女性をオトコ化しようとするのはやめませんか?

2

心理的な特徴に、男女の違いはあるのか?

男性に多い勝利至上主義。女性は仲間とがんばることがいちばん大事

次に、心理面における男女の違いについて考えてみましょう。

左ページのグラフをまずごらんください。男女のアスリートに、「どんなときにやる気が出ますか?」という質問をしたところ、明らかな性差が出ました。男性は、試合で勝ったときに「もっとがんばろう」「一生懸命練習しよう」というモチベーションが高くなりますが、女性はそれほど高くはありません。

女性のモチベーションが上がるのは、指導者や両親、仲間などから励まされたり、認められたりしたときです。こちらは男性の数値が下がります。誰だって勝てばうれしいし、認められるとやる気が出ます。ただ、その重さが男女で違うということです。

女性はコーチ受容性が高い。何をどう伝えるかが重要

以前、学生たちに「毎日練習をがんばっているけれど下手な選手と、練習をサボっているけれど上手な選手、試合に出すならどっち?」というアンケートをとりました。その結

やる気が出るのはどんなとき?

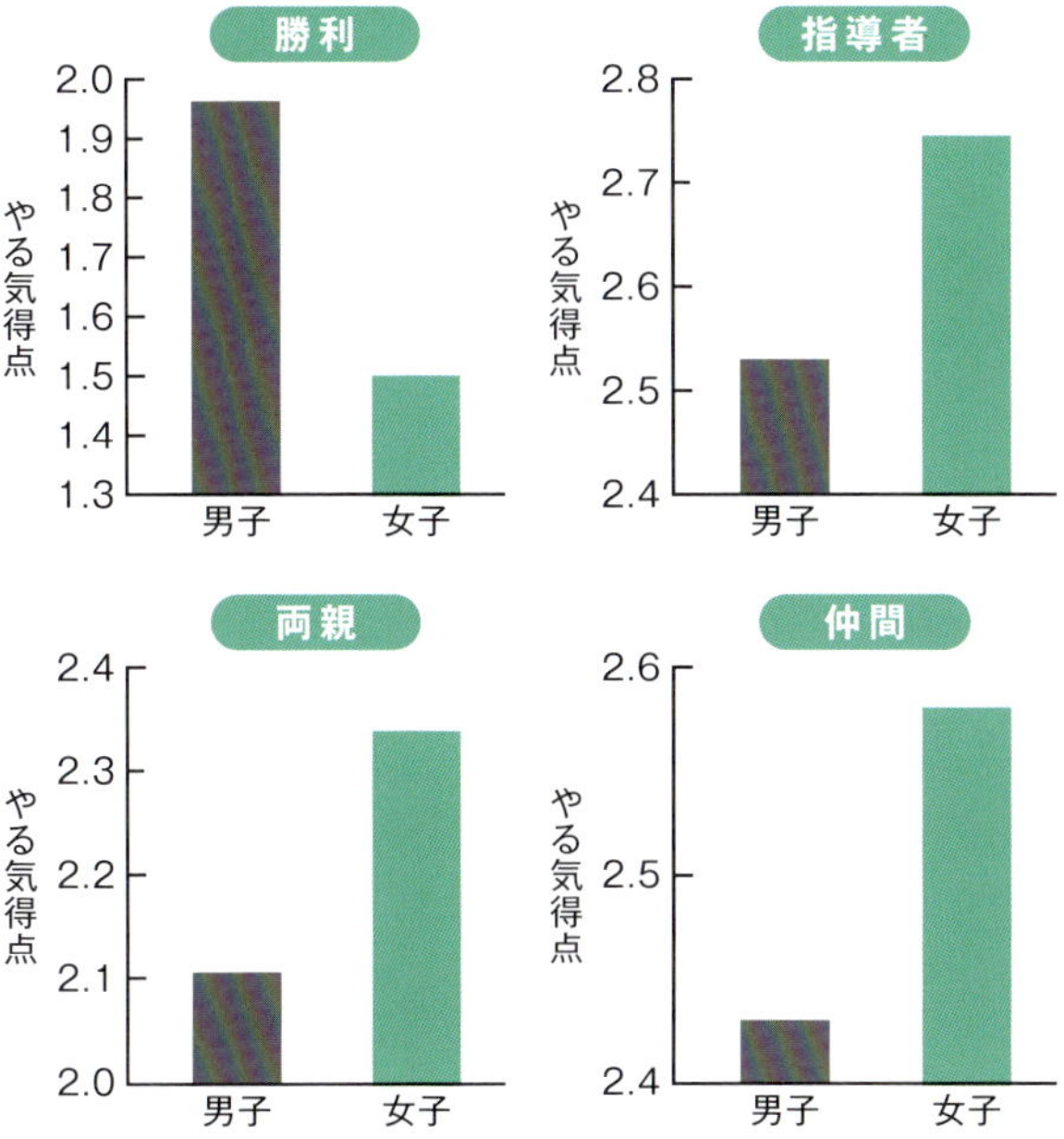

全国大会で3位までに入賞した中学生運動部員を対象にした調査結果。競技生活の中で、勝ったり重要な他者から認められたりしたとき、どのくらいやる気になるかの男女比較。

出典：杉原,1991から作図

果、女性はほとんどの人が「がんばっているけれど下手な選手」を出すと答えましたが、男性はその逆でした。**女性は努力そのものを認める**ことを重視したり、**周囲の不満が出ないような配慮**をしたりする傾向があるようです。

コーチ受容性（指導者の言葉をすなおに受け入れる傾向）の高さも女性選手の特徴です。厳しい言葉でしかりつけると、男性選手は「ウルセーな」と聞き流せても、女性選手は激しく落ち込むこともあります。また、「自分が失敗して負けたらどうしよう」「ケガをしそうで怖い」という恐怖心や不安感も、男性より女性のほうが強いようです。

もちろん男性でも不安が強い人もいますし、何がなんでも勝ちたい女性選手もいるでしょう。けれど、一般的な男女の特性を指導者が理解していれば、チームをいいムードにしたり、やる気を引き出したりすることにつながるのではないでしょうか。

3

女性アスリートに顕著な健康障害がある

運動のしすぎや食事制限で利用可能なエネルギーが不足しがちに

男女を問わず、アスリートにケガはつきものです。激しい練習を繰り返すことでアスリートは体のあちこちにトラブルをかかえてしまうのですが、なかには女性に多いもの、男性とは原因が違っているものがあります。

アメリカスポーツ医学会では、１９９７年に**「女性アスリートの三主徴」**を発表しました。「主徴」とは、簡単にいえば「症状」のようなものです。当時は摂食障害、無月経、骨粗しょう症と発表されましたが、現在では**①利用可能エネルギー不足、②視床下部性無月経、③骨粗しょう症**の三つを三主徴としています。

引きがねとなるのは、利用可能なエネルギーの不足です。競技力の向上には減量が欠かせない、と考える指導者は少なくありません。やせれば速くなる、強くなる、美しくなる……そんな神話に選手たちもしばられ、食事を控えながら激しいトレーニングをすると、摂取エネルギーより運動で消費されるエネルギーのほうがはるかに多くなります。結果、体脂肪が減少し、無月経、骨粗しょう症、貧血などに悩む選手が出るのです。

女性アスリートに見られるトラブル

4

体が成熟することで壁にぶつかることがある

「子どもの体」ならできたことが思春期になるとできなくなるジレンマ

思春期、女性アスリートは大きな壁にぶつかることがあります。細くて、小さくて、軽かった子どもの体から、脂肪のついた女性の体に変化する過程で、**いままでできていたことができなくなる**ことがあるからです。たとえばフィギュアスケートの女子選手の中には、ジュニアのころにピュンピュン3回転ジャンプを決めていても、身長が急激に伸び、胸やおしりがふくらんだことで、以前のような回転ができなくなる子がいます。体のバランスが変化したからです。そのような思春期の壁は、どの競技にもあるのです。

壁を乗り越えるには、自分の体の変化を受け入れ、トレーニング方法を切りかえることがたいせつです。身体バランスが変化しても、それに見合う筋肉がつけばコントロールできるのです。でも実際にはそのようなアドバイスを受けられず、子どもの体を維持するために拒食症になってしまう選手もいます。フィギュアスケートの話に戻ると、浅田真央さんなどはこの時期をうまく乗り越えた一人だと思います。真のトップアスリートは、成熟した体を使いこなし、長く競技生活を続ける中から生まれるのだと思います。

女性の体の変化

思春期の体の特徴

~8歳ごろ

- 性器以外に男女の違いはほとんどない。

8～12歳ごろ

- 発達の個人差が大きい時期
- 胸がふくらみ始め、陰毛が生え始める
- 初経（最初の月経）の前には急激に身長が伸びる

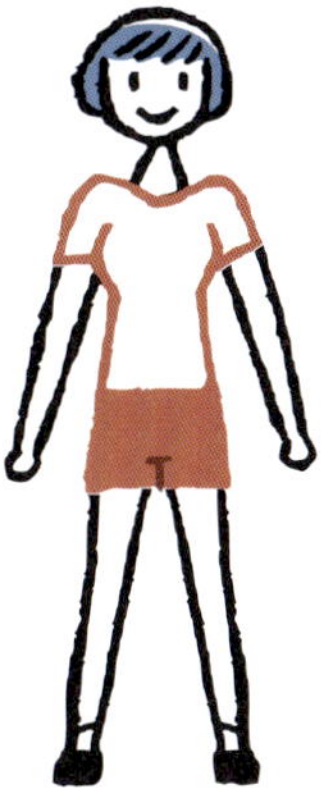

12～15歳ごろ

- 多くの子が初経を迎える
- 皮下脂肪がふえて丸みのある体形に

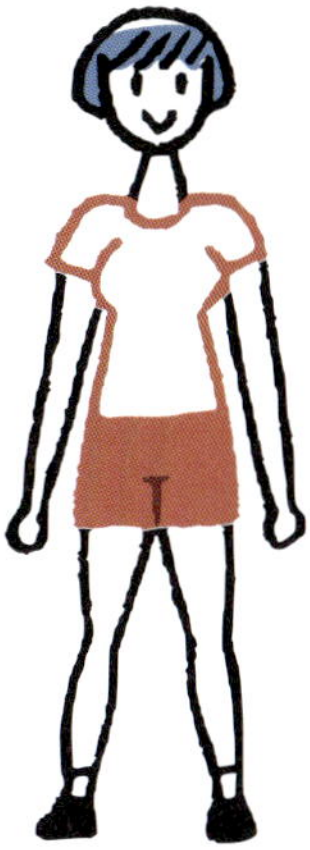

15～18歳ごろ

- 卵巣機能が発達して月経が安定する
- 妊娠・出産が可能になる

5

女性アスリートは男性より劣るのか？

脂肪をエネルギーに変える力は男性より女性のほうが高い

スポーツの分野で、女性はすべてにおいて男性に劣るのでしょうか？　いいえ、**持久力は女性選手のほうが高い**かもしれません。「いや、マラソンの記録だって男性のほうがいいじゃないか」と言われそうですが、女性が得意なのはもっと長い距離です。１００キロマラソンの世界記録をみると、男性は6時間13分33秒、女性は約6時間33分11秒。その差は20分（５・３％）にすぎません。５０００メートルの世界記録の男女差が12％以上もあることを考えると驚きの結果です。別の調査では、マラソンの競技成績に差がない男女が長距離を走ったとき、90キロ地点での速度は女性のほうが早いという結果が出ています。

女性はなぜ持久力が高いのでしょう。それは脂肪をエネルギーに変えるのがうまいからです。運動エネルギーとして使える栄養は、糖と脂肪です。糖はすぐに使えるエネルギーなので、男女ともに最初は糖を消費します。しかし女性の場合、**女性ホルモンの影響で運動中に使える脂肪の割合が男性より多い**ので、運動中に糖と脂肪をバランスよく使うことができるのです。その結果、糖の枯渇を防ぎ、長時間の運動に耐えられるというわけです。

女性は持久力が高い

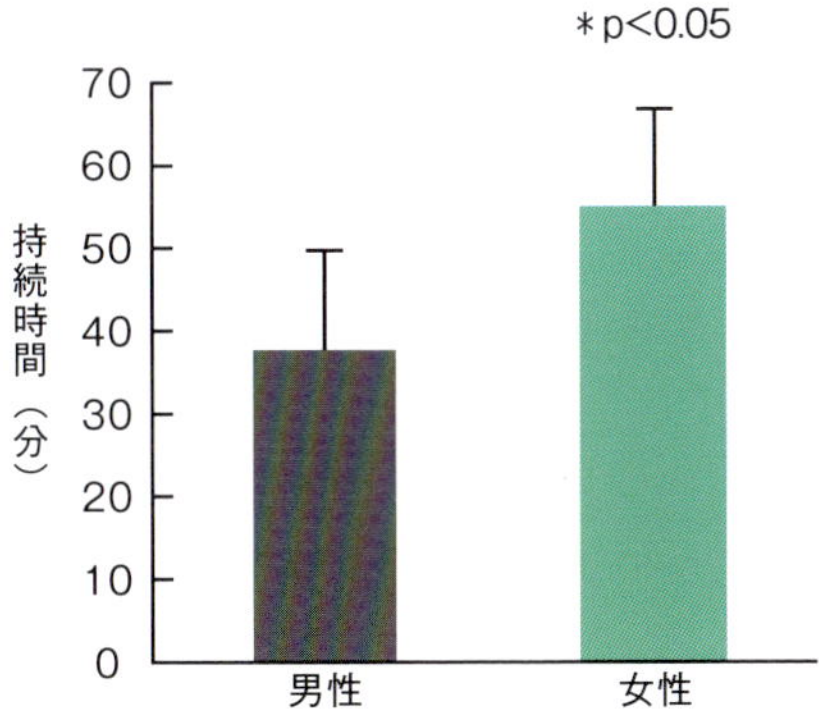

男性と女性の持久力の比較

最大酸素摂取量の８０％の強度で自転車をこぎ、疲労困憊するまで続けてもらう実験。女性のほうが長時間こぎ続けることができる。

出典：Froberg K et al.,1984

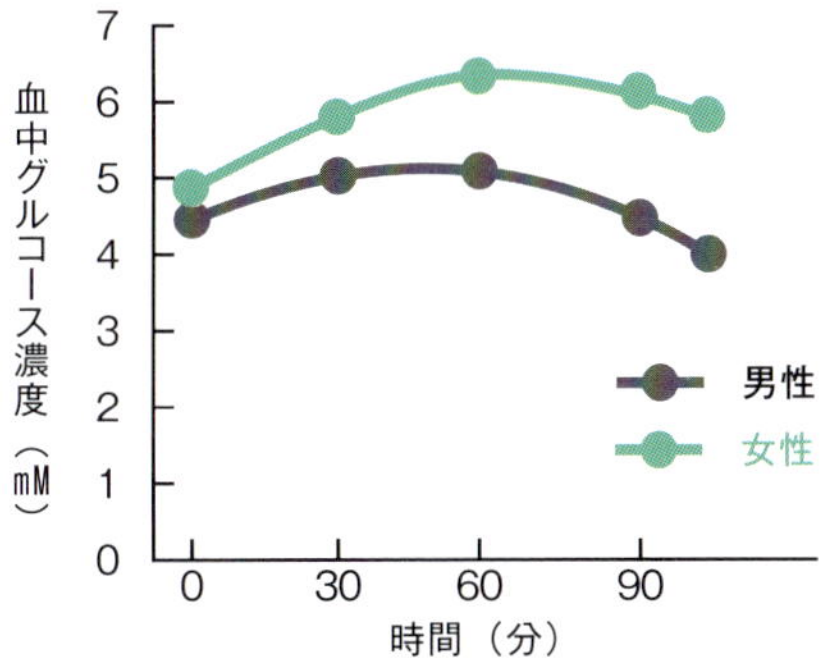

持久運動中の血糖値の変化

血液中の糖（血糖）は、運動するときのエネルギーとして最初に使われる。運動し始めると男性は30分で血糖が減り始めるが、女性は減りにくい。糖だけでなく、脂肪もエネルギーとして使っているためだ。

出典：Tarnopolsky LJ et al.,1990

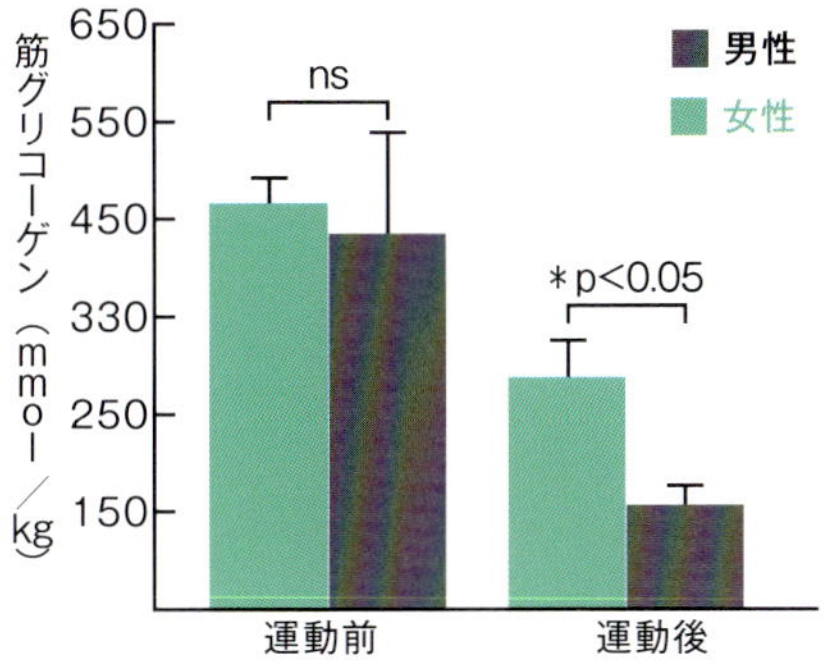

持久運動中の筋グリコーゲンの変化

筋グリコーゲンとは、筋肉に蓄えられた糖のことで、運動時のエネルギーとして使われる。運動前には男女差はほとんどないが、最大酸素摂取量の60％強度で90分間運動をしたあと、男性は枯渇状態に。

出典：Tarnopolsky LJ et al.,1990

6

女性アスリートの歴史はまだ浅い

女性アスリート独自のトレーニング法を考える時期にきています

現在の日本では、オリンピック参加選手は男女ほぼ同数。メダルの数は女性のほうが多いほどです。けれど長い歴史の中で見ると、**スポーツは男性中心の歴史**でした。

古代ギリシアのオリンピックは女人禁制。1896年に始まった近代オリンピックでも、第1回は男性のみでした。国際オリンピック委員会によると、女性が初参加したのは第2回パリ大会、テニスとゴルフに合計12名の女性が参加しました。日本では、1928年のアムステルダム大会で女性選手初のメダルを獲得しています。このころには女性の参加率は10％まで伸びていますが、その後50年近く10％台にとどまり、**40％を超え**たのは21世紀に入ってからです。そのため、世の中のトレーニング理論は男性中心のものです。トレーニングの背景となるデータなども、性差が考慮されていないことがいまだに多いのです。

女性には月経に伴う周期的な体調の変化があり、それが競技パフォーマンスに大きな影響を与えています。そのことを多くの選手、指導者が知ることで、スポーツの新しい時代が作られていくのではないでしょうか。

夏季オリンピック参加選手の男女比

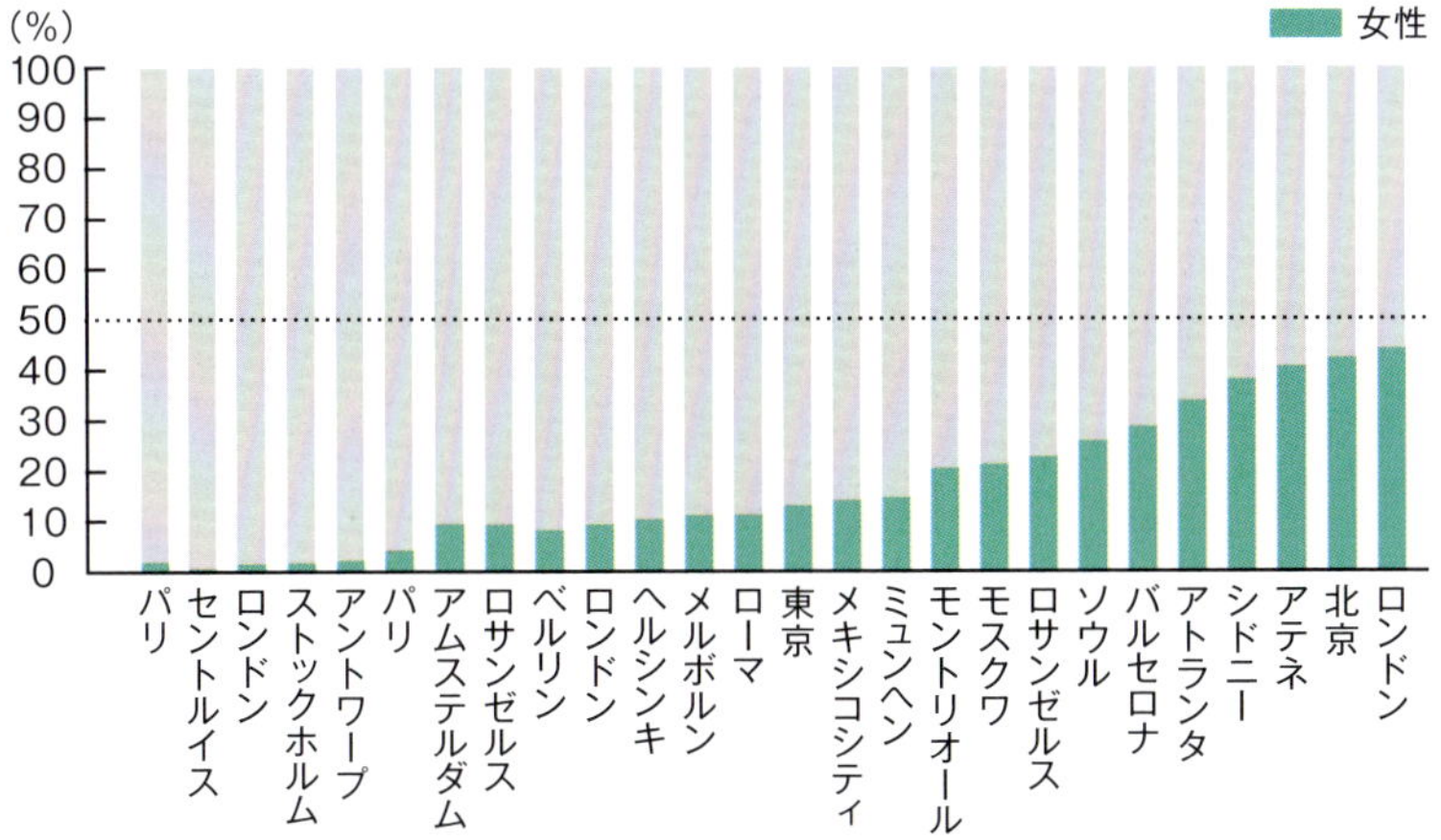

1900年のパリ大会から女性が参加。1964年の東京オリンピックのころから女性の参加がふえ、現在は全体で約40%。日本選手に限れば男女比率はほぼ同数。

出典：国際オリンピック委員会（IOC）資料より作図

column

トップアスリートでさえ月経対策はなされていない

2012年のロンドンオリンピックに出場した女性アスリート132名に対する「女性特有の問題で競技に影響を及ぼしたことは何ですか？」というアンケート結果が下です。月経による体調不良や月経痛をあげる選手が3割前後います。一方、別の調査になりますが、トップアスリートの婦人科への受診率はわずか４%。目標とする試合と月経が重なっても対策がとられず、本来のパフォーマンスが出せない選手もいるのが実情です。

競技に影響を及ぼした女性特有の問題

内容（自由記述）	人数	%
月経痛（腰痛・腹痛・頭痛）	22	27.8
月経による体調不良	29	36.7
月経による精神的不安	4	5.1
月経不順	6	7.6
貧血	12	15.2
その他	6	7.6

ロンドンオリンピック出場女性アスリートに対する調査報告
公益財団法人日本オリンピック委員会　女性スポーツ専門部会

Interview

02

全日本選手権6連覇の影に、6年間の無月経。指導者として母として、伝えたいこと

村田由香里さん
（日本体育大学准教授
元新体操選手）

1981年兵庫県出身。小学1年生から新体操を始め、2000年のシドニー五輪では団体5位入賞。2004年アテネ五輪では個人出場し総合18位。2006年には全日本選手権6連覇の偉業を成し遂げる。現在は日本体育大学の新体操部の部長として、日本体操協会新体操強化副本部長として後進の育成に力を注いでいる。

「やせた自分」でなければ価値がないと信じていた

インタビューの日、ワンピース姿で現れた村田由香里さんのおなかは、心なしか丸くふくらんでいました。

「いま、妊娠6カ月なんです」

うれしそうに笑う村田さんですが、「赤ちゃんは授からないかもしれない」「授かるとしても時間はかかる」と覚悟していたそうです。なぜなら、村田さんは18歳から24歳までの6年間、無月経だったから。

「いまになって、あのころの自分の食生活がいかに体に悪いことだったかを知って怖くなります」

村田さんの言う「あのころ」とは、兵庫の実家を離れて東京で暮らし始めた18歳のころのこと。実家では、母親が低カロリー・高たんぱくの和食を作り続けてくれていましたが、東京では体重の自己管理をするのは自分だけでした。

「高1で月経が始まり、少しだけふっくらした時期に、シドニー五輪をめざして新しい環境に飛び込みまし

た。先輩たちの中にはハードなダイエットをしている人もいて、『まずはやせないと、ここではついていけない』と思い込んでいました」

1日何時間も続く激しい練習。にもかかわらず、エネルギー源になるものは極力とらず、疲れた日は夕食を食べずに寝てしまうことも。お菓子を食べて食事を控えることもありました。2カ月間で体重は5キロ減り、月経が止まり、ひどい貧血に悩むようになりました。病院で鉄剤を注射してもらいながら、練習に打ち込む「極限状態」のなかで、村田さんの心を支えていたのが「私はやせている」という誤った自信でした。

「五輪の団体メンバーに選ばれたけれど、経験も浅く、技術面でも自信がもてなかったとき、コーチに『このくらいの体重がいいね。きれいだね』とほめられたんです。コーチは多分、技術的な面でも助言してくださったはずですが、私は『やせてきれい』という言葉に自分の存在意義を見いだしてしまいました」

本来の目標は五輪で活躍すること。にもかかわらず、いつしか「やせる」ことが一番の目標のようになってしまったのです。

「体重計の数字は、とてもわかりやすい指標です。新体操は採点競技ですから、手足が長く、スラリとした体型の選手が有利なのも事実。けれど、『まず、やせなくちゃ』から始まってしまうと、どんなに栄養がたいせつだと言われても、受け入れる心の余裕を奪われてしまいます」

2000年のシドニーオリンピックには団体競技のメンバーとして出場。

食事を改善したい！心に浮かんだ母の味

貧血、無月経、フラフラの体で出場したシドニー五輪では、それでも見事5位入賞。けれど、「次のアテネ五輪には個人で出場したい」と考えたとき、体を作り直さなくては勝てないと実感したそうです。

「貧血を治し、しっかり筋肉をつけ

2004年アテネオリンピックには個人競技で出場、個人総合18位に。

たほうが強くなれると考えました。そのとき思い浮かんだのは、母がずっと作ってくれていた和食中心のメニューでした」

もともと太りやすい体質ではなかった村田さん。筋肉がつくと体重はふえますが、見た目が悪くなることはありませんでした。しだいに、体重計にのらなくても体重管理ができるようになったそうです。

「試合シーズンはしっかり食べても体重はふえないとか、冬になると3kgくらいふえるけれど夏に向けて戻るとか、1年間のリズムがわかるようになりました」

全日本選手権6連覇という偉業を達成できたことは、体重を自分でコントロールできるようになったことと無関係ではありません。指導者になったいま、「しっかり食べて、しっかり動いて体を絞る」ということのたいせつさを伝えています。

「でも、毎日の食事の中で、何を選べばいいかを知っている子と知らない子の差は大きいと感じます。食事も日々の『練習』の積み重ねです。ジュニアの時期から栄養の知識をつけ、『食べる練習』を重ねていくことで、健康を維持しながら強くなっていけるのではないでしょうか」

もうすぐ母になる村田さん。改めて、母に作ってもらった食事の偉大さを実感しているそうです。

「幼いころからの食事の経験が、ギリギリのところで私の健康を守ってくれました。私もそんなふうに、食事のたいせつさを子どもに伝えていけたらと思います」

Part 2

知っておきたい 月経周期の基礎知識

7 女性ホルモンの司令塔は脳の視床下部

さまざまなホルモンが刺激し合って月経や排卵が起こります

女性ホルモンはどこでつくられるのでしょうか。それは卵巣です。けれど、卵巣が自分で判断して女性ホルモンを分泌しているわけではありません。**指令を出すのは、脳の中の視床下部**。ここは自律神経や呼吸、体温調節などをコントロールしている、生命維持の中枢です。視床下部は、血液中にある女性ホルモンの量を常にチェックして、定期的に「女性ホルモンを出して！」と**下垂体**に命令しています。

下垂体はさまざまなホルモンを分泌する脳の器官で、命令を受けると**卵胞刺激ホルモン**を分泌し、卵巣に「卵胞を成長させて！」と指令を出します。卵巣では卵胞が成熟を始めますが、このとき卵巣から分泌されるのが女性ホルモンの一つ、**エストロゲン**です。

卵胞が十分成熟すると、下垂体から**黄体化ホルモン**が分泌され「排卵しなさい！」と指令がおります。卵胞から卵子が飛び出し（排卵）、残った卵胞は黄体となってプロゲステロンを分泌するのです。子宮内膜は受精卵を迎えるために厚みを増しますが、妊娠しなければ血液とともに流れ落ちます。これが月経で、この一連の流れを月経周期と呼びます。

月経が起こるしくみ

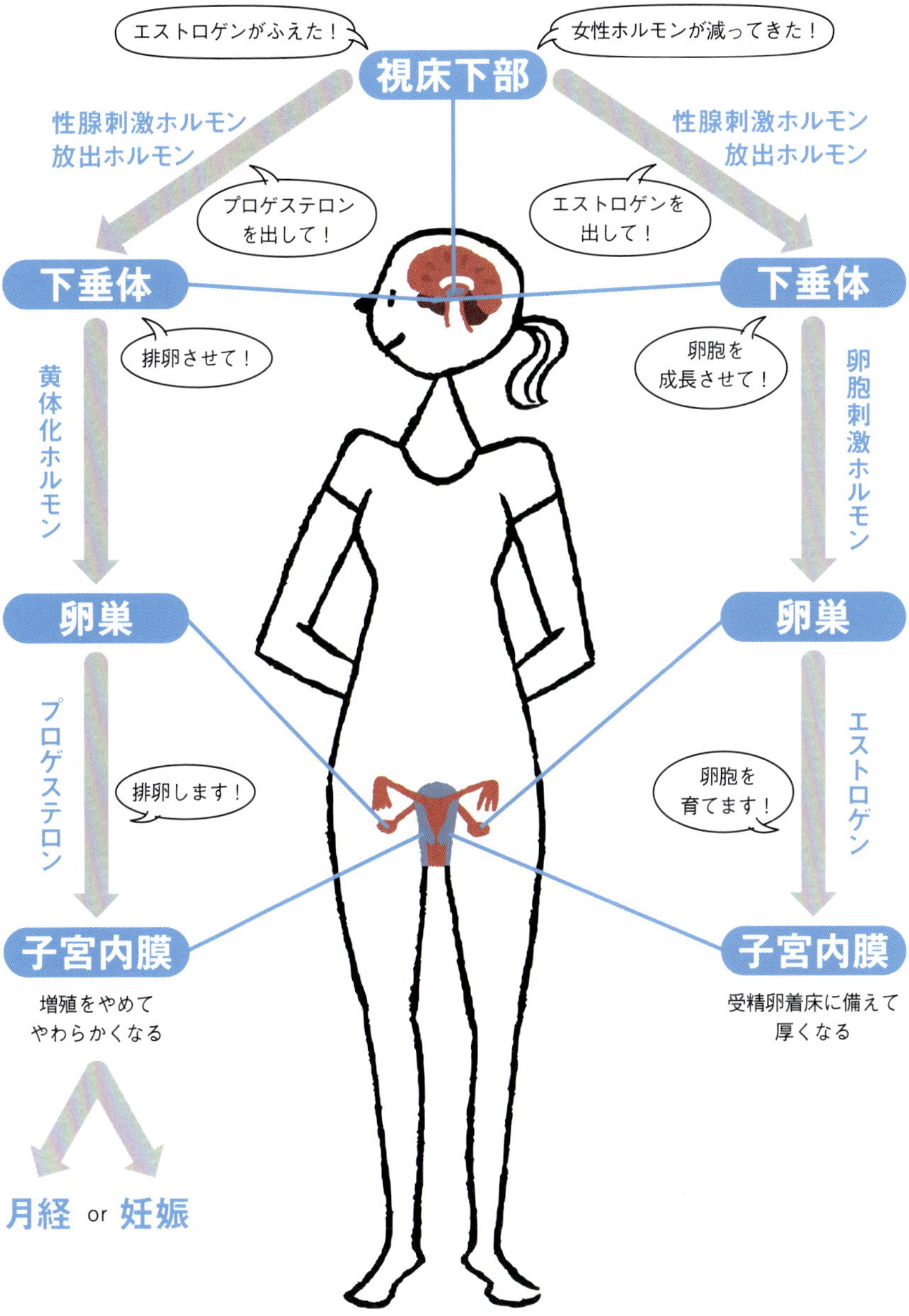
エストロゲンがふえた！
女性ホルモンが減ってきた！
視床下部
性腺刺激ホルモン放出ホルモン
性腺刺激ホルモン放出ホルモン
プロゲステロンを出して！
エストロゲンを出して！
下垂体
下垂体
排卵させて！
卵胞を成長させて！
黄体化ホルモン
卵胞刺激ホルモン
卵巣
卵巣
プロゲステロン
排卵します！
卵胞を育てます！
エストロゲン
子宮内膜
子宮内膜
増殖をやめてやわらかくなる
受精卵着床に備えて厚くなる
月経 or 妊娠

8

月経周期のメカニズムを知ろう

エストロゲンとプロゲステロン、二つの女性ホルモンが月経周期の主役

月経は昔「月のもの」といわれていました。29・5日ほどで満ち欠けする月のように、女性の月経も25日から38日周期で繰り返しやってきます。

月経周期とは、月経の始まった日から、次の月経の前日までをいいます。その中には二つのポイントがあります。一つは排卵、もう一つは月経の開始です。

排卵とは、卵子が成熟した卵胞から飛び出すことをいいます。飛び出した卵子は卵管でキャッチされて、ゆっくりと子宮に向かいます。そこで精子がやってくれば妊娠しますが、こなければ子宮内膜ごと流れてしまい、月経が始まります。排卵があるのは、月経周期のちょうどまん中ごろ（28日周期の人であれば14日目ごろ）にあたります。

排卵を境に、月経周期は卵胞期と黄体期に分かれます。卵胞期はエストロゲン、黄体期はプロゲステロンの影響を大きく受けます。ホルモンの変動によって、体だけでなく心にもさまざまな変化が起きます。特にプロゲステロンは、月経前の体調不良の原因となるホルモンなので、アスリートのコンディションを整えるうえでも意識したいものです。

月経周期で 女性ホルモンは大きく変動します

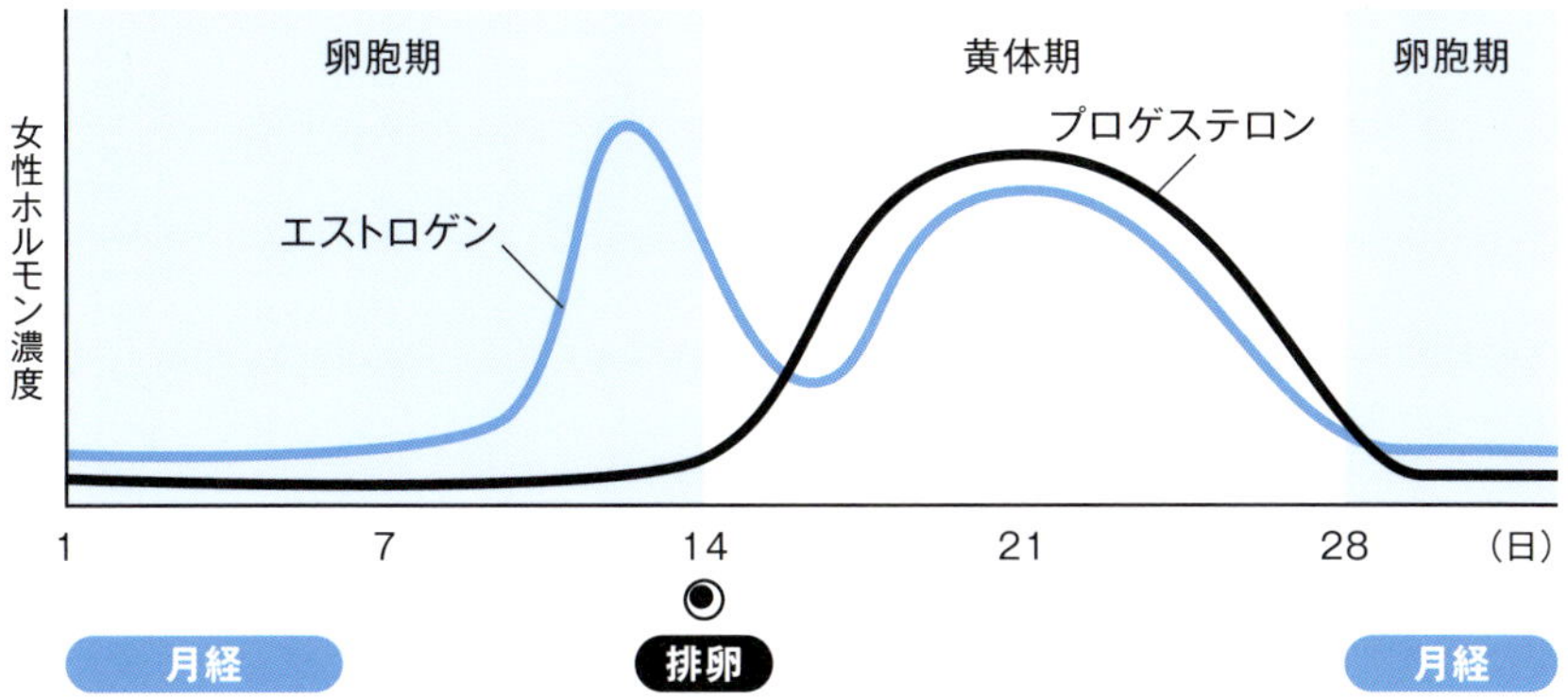

卵胞期

卵巣にある卵胞の一つが成熟する時期。卵胞が成熟するにつれてエストロゲンの分泌がふえ、子宮内膜が少しずつ厚くなる。

黄体期

卵子が飛び出したあとの卵胞が「黄体」という組織になり、プロゲステロンが分泌される。子宮内膜は増殖をやめて、受精卵が着床しやすいようにやわらかくなる。体が妊娠に備えて高温になるので、体調が悪く感じることも。

9

基礎体温で月経周期を確認しよう

自分の月経周期を知る確実な方法は基礎体温を測ることです

次の月経がいつくるのか、毎月きちんと排卵があるのか、どのような月経サイクルになっているのか……自分の月経について正しく知っている人は案外少ないかもしれません。

月経周期を知ることは、すべての女性に必要なことです。まずは**カレンダーなどに月経が始まった日をメモする習慣をつけましょう**。正常であれば、25〜38日のサイクルで月経がくるはずです。「前回は27日周期だったけれど今回は32日周期」ということもよくあることですが、前回との周期日数の差が6日以内であれば問題はありません。

さらにくわしく月経周期を知るためには、**基礎体温を測ることをおすすめします**。排卵日や次の月経の予測ができるだけでなく、月経周期の中で「イライラしやすい時期」「便秘になりやすい時期」「体重がふえる時期」などを知ることができるのです。もし不調に見舞われたとしても、それが月経周期によるものなのか、ほんとうに病気なのかも予測がつきやすくなります。検温に使うのは婦人体温計です。毎朝起床時、体を動かす前に測ります。めんどうだと感じるかもしれませんが、習慣にすれば苦になりません。

基礎体温の測り方

Step1

朝、目が覚めたらすぐ計測。動かず測れるよう、婦人体温計は枕元に。

Step2

舌の下に婦人体温計を入れて、口にくわえたまま体温を測定する。

Step3

体温を確認する。

Step4

基礎体温表に正しく記入する。

column

賢い婦人体温計、いろいろあります!

毎朝体温を測ってグラフに記入するなんてムリ！と思う人は、高性能の婦人体温計を使ってみましょう。20秒くらいで測ることができ、1年間以上分のデータを体温計が記録してくれます。検温したデータをスマホやパソコンに送って自動的にグラフ化してくれるものや、次回の月経開始日などを予測して知らせてくれるものもあります。

基礎体温グラフのつけ方

市販の基礎体温表などを購入して毎日つけてみましょう。

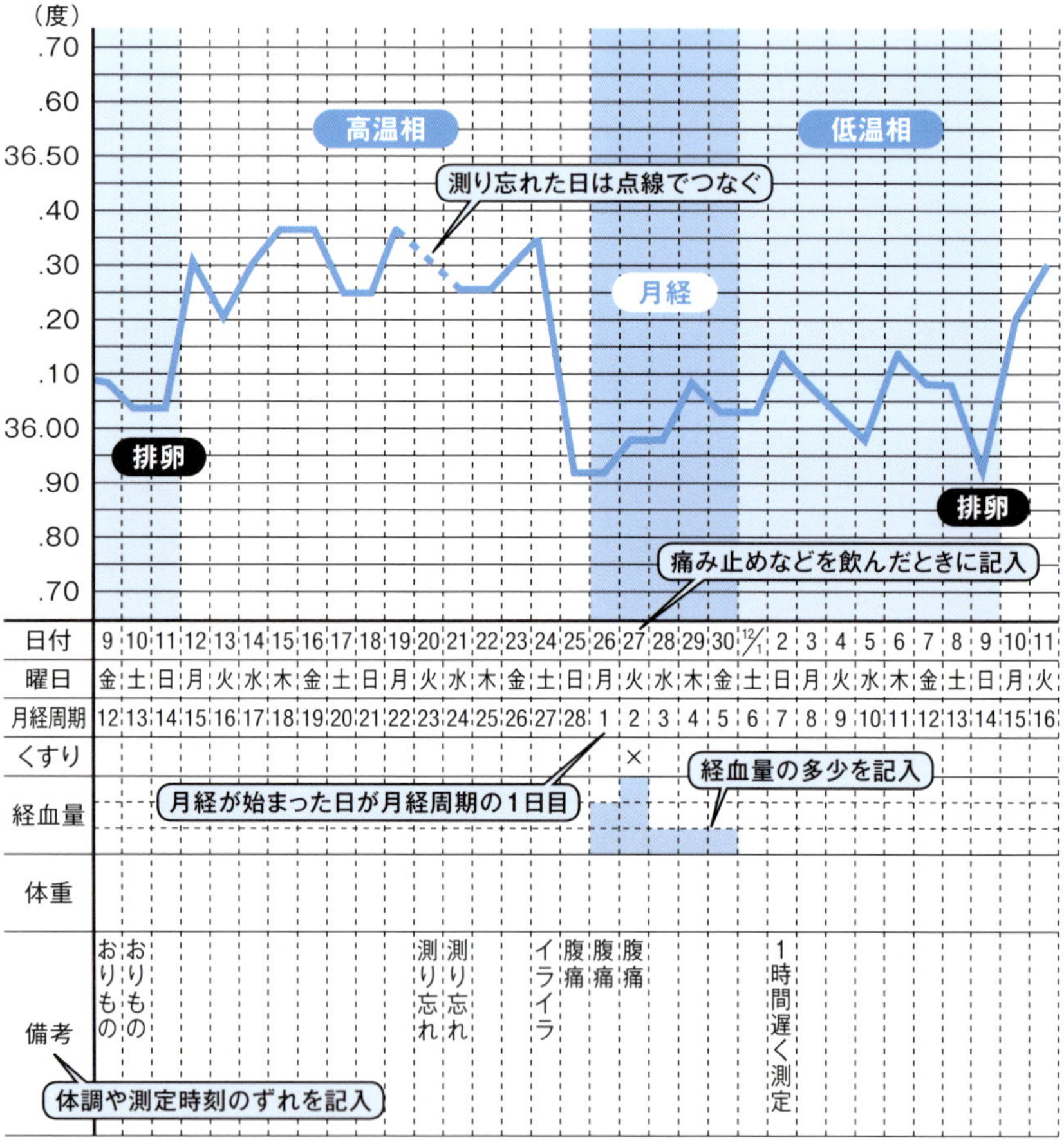

基礎体温表はここを確認！

① 二相性になっているか？

月経周期の中に低温期と高温期があることを二相性といいます。グラフをつけたら、低温が続く時期と高温が続く時期があるかを確認しましょう。排卵後に分泌されるプロゲステロンには体温を上昇させる働きがあるので、体温の上昇があれば排卵があったことがわかります。また、体温の下がったタイミングで月経がくることも予測できます。

排卵がないと体温は
低温期のみです。
グラフは二相に
なりません

② 月経周期は何日か？

月経周期の数え方は、月経が始まった日から次の月経の前日まで。その日数は人によって違いますが、25日から38日以内であれば正常といわれています。自分の月経周期がだいたい何日間かがわかると、次の月経がいつくるかの予測がつきやすくなります。

③ 体調の変化を確認

腹痛や頭痛、イライラやだるいといった不快な症状がいつ起きるのか、逆に体調のいい日はいつかなどをメモしておき、それが月経周期とどうかかわるかを確認しておきましょう。

④ 体重管理も月経周期とともに

アスリートにとって重要な体重管理ですが、月経周期で変動することも多いものです。体重測定は週1回、同じ曜日で測定すると、月経周期での体重変動がわかりやすくなります。

column

最終月経日って何？

最終月経日とは、いちばん最近の月経が始まった日のことです。メディカルチェックなどでも聞かれますから、手帳やカレンダーにメモする習慣を！

10

月経周期でアスリートのコンディションは変化する？

コンディションの変化は9割のアスリートが自覚しています

「月経周期によるコンディションの変化を感じますか？」

ＪＩＳＳ（国立スポーツ科学センター）が、オリンピック選手を含む６３０名のトップアスリートに行った質問です。「変化を感じる」と答えた人は91％でした。体育系女子大学生を対象とした調査でも、約８割がイエスと回答しています。トップアスリートか学生かという競技レベルに関係なく、**スポーツをするほとんどの女性たちが月経周期によるコンディションの変化を実感しているのです。**

どんなときに不調と感じるのかというと、月経中と月経前がほとんどでした。月経中に不調を感じるのは、下腹部痛、吐きけ、頭痛。月経前（黄体期）は、「食欲が増加する」「イライラする」「体重がふえる」などがあがっています。

一方で、コンディションのいい時期は、５割以上が月経終了後の数日間（卵胞期）と答えています。とはいえ、「関係なし」という回答も３割を超えています。月経周期がコンディションに与える自覚的な影響には、個人差があるのかもしれません。

月経周期に伴う心と体の変化

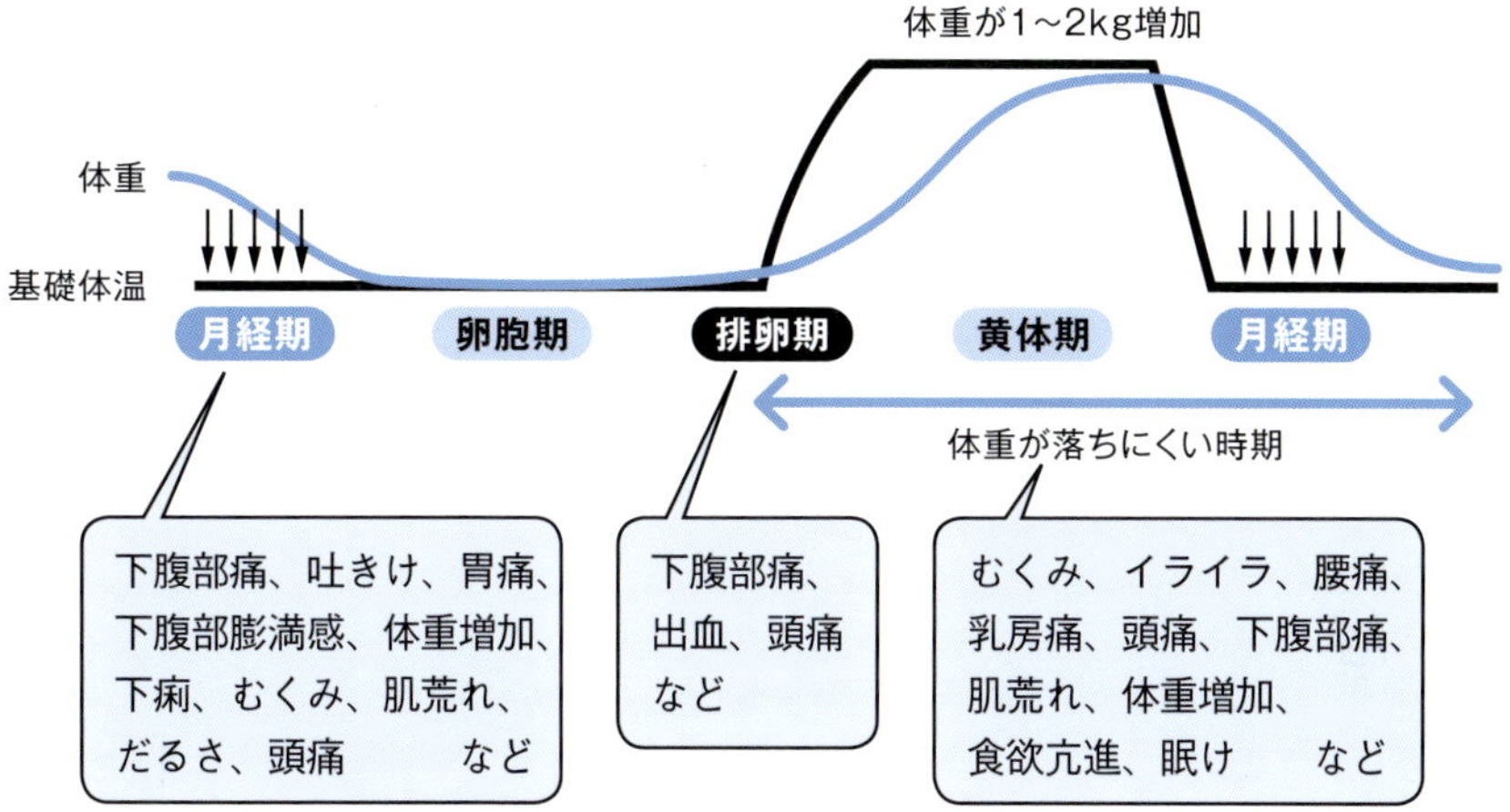

月経中、月経前の黄体期、そして排卵時にも不調を感じるアスリートも。
出典：東京大学医学部附属病院,2018

Q 自覚するコンディションが最もよいのはどの時期ですか？

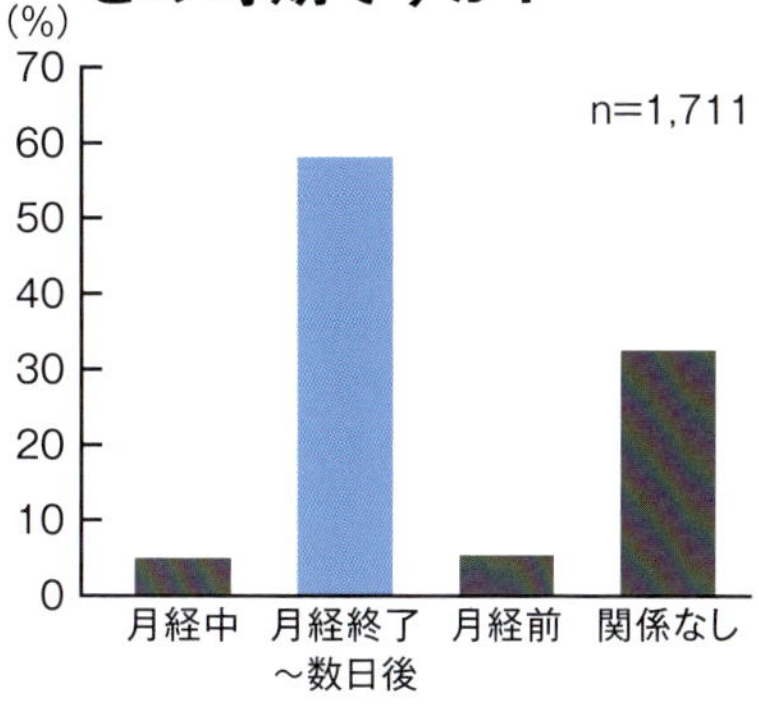

Q 自覚するコンディションが最も悪いのはどの時期ですか？

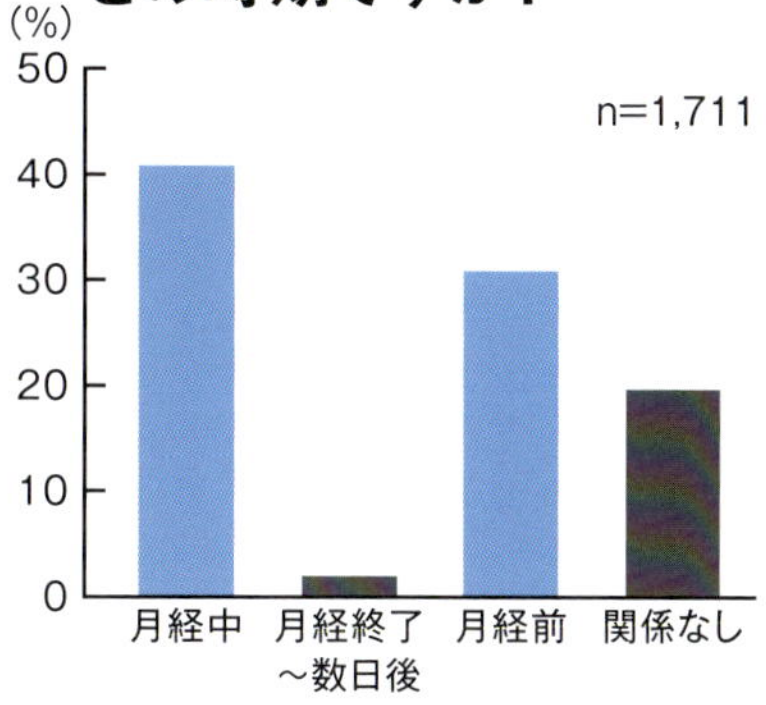

出典：須永,2017

11

月経周期と向き合うことはなぜ重要なのか

人生で400回以上もある月経を「ジャマなもの」にしないために

アスリートに限らず、月経時に悩みをかかえる女性は少なくありません。痛みがあったり、イライラしたり、おなかが張ったり。

にもかかわらず、月経時の不快を積極的に解決しようとしている人は少ないと感じます。多くの女性は「月経中や月経前の時期を耐えればいい」と考え、やり過ごし、そしてまたウンザリしながら次の月経を迎えるのです。

それでいいのでしょうか。

一般的に12歳で初経を迎え、50歳で閉経するとすれば、**月経のある時期は38年間**。単純計算で456回もの月経期を過ごすことになります。日数にすれば2280日です。**こんなにも多くの時間を、不快な気持ちでやり過ごすのはもったいないと思うのです。**

月経と上手につきあうことがパフォーマンス向上のカギ

そもそも月経があるということは、健康な女性である証拠です。健康な状態を維持しな

女性の人生にとって月経は長い友達

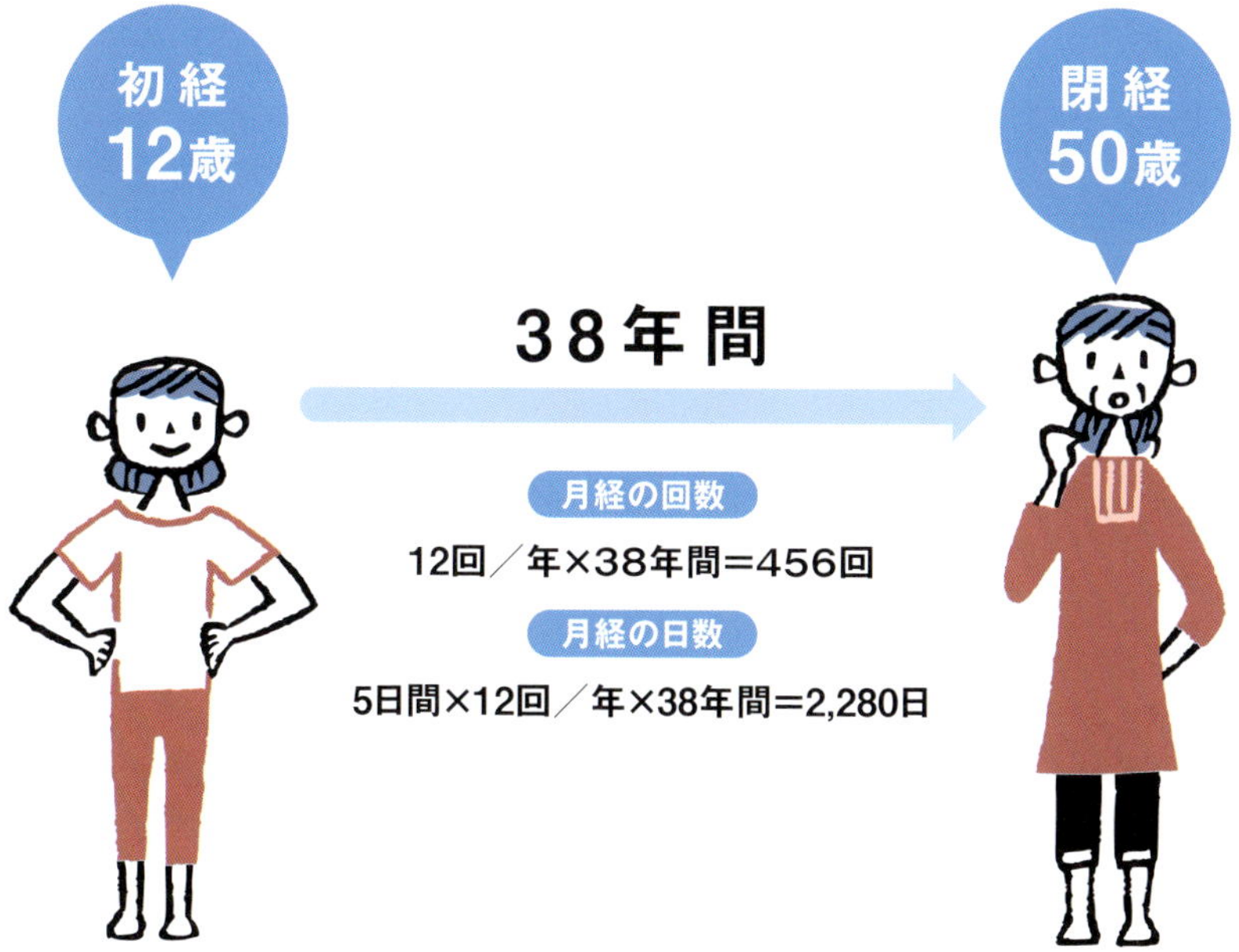

がらトレーニングしたほうが結果は出やすくなりますし、選手寿命も長くなります。

だからこそ、自分の月経周期と正しく向き合ってほしいのです。月経のサイクルを把握して、**不調や体重の変化とのかかわりを知れば、大事な試合をベストコンディションに持っていくよう作戦を立てることも可能です。**これについては第4章でお話ししましょう。

また、現在の不調やトラブルを放置せず、早めに対策を打ちたいものです。多くの女性は、月経困難症や月経前症候群（PMS）をかかえていても「みんなこんなものだろう」と思って耐えているようです。次ページから月経トラブルについて解説しますので、「自分にあてはまる」と感じたら、専門家に相談することをためらわないでください。

月経は、女性が人生の多くの時間をともに過ごす存在です。二人三脚するような気持ちでつきあっていきませんか？

12

自分の月経をチェックしてみよう

多い、少ない、長い、短い、痛む……月経の異常がないか意識しましょう

理想的な月経とは、どういうものでしょう。

月経期間は3日から7日、月経周期は25日から38日の間であれば正常とされています。経血量は最初の1~2日が多めで、3日以降は減ります。多い時期でも「2時間ごとにナプキンを交換すればもれない」という程度なら大丈夫。月経痛がほとんどなく、月経前にも快適に過ごすことができるなら理想的でしょう。そうはいっても**思春期のホルモン分泌は不安定で、子宮や卵巣の機能も未成熟**。理想の月経でない場合も多いと思います。

では、どんな問題があるのでしょうか？ 左のチェック表で確認してみましょう。

もし本人が「私の月経には異常があるのかも」と心配になったら、**まずは相談しやすい大人に話してみる**ことをすすめるといいと思います。お母さんやお父さん、保健室の先生や担任の先生、部活動のコーチ、子どものころからお世話になっているかかりつけの病院の先生など、きっと相談にのってもらえるはずです。少し抵抗があるかもしれませんが、**一番の専門家は産婦人科医です**。勇気を出して受診すると安心できると思います。

月経は大丈夫？ チェックテスト

- □ 初経（初めての月経）は15歳以降だった
- □ 月経の初日から次の月経前日までは、24日未満で不規則
- □ 月経の初日から次の月経前日までは、39日以上で不規則
- □ 3カ月以上、月経がきていない
- □ 月経で出血が続くのは3日以内、または8日以上
- □ 月経痛がひどく、薬を飲まないとつらい
- □ 薬を飲んでも効かないことがある
- □ 経血量は少なく、下着に血液がうっすらつく程度
- □ 経血量が多く、日中に夜用ナプキンを使っても1～2時間で交換する必要がある
- □ 夜の経血量が多く、夜中に起きてナプキンを交換する必要がある
- □ 月経前の1週間くらいから、腹痛、頭痛、疲労感、むくみ、乳房の張りなどの身体症状がある
- □ 月経前の1週間くらいからイライラや集中力の低下、気分の落ち込みなどの精神症状がある

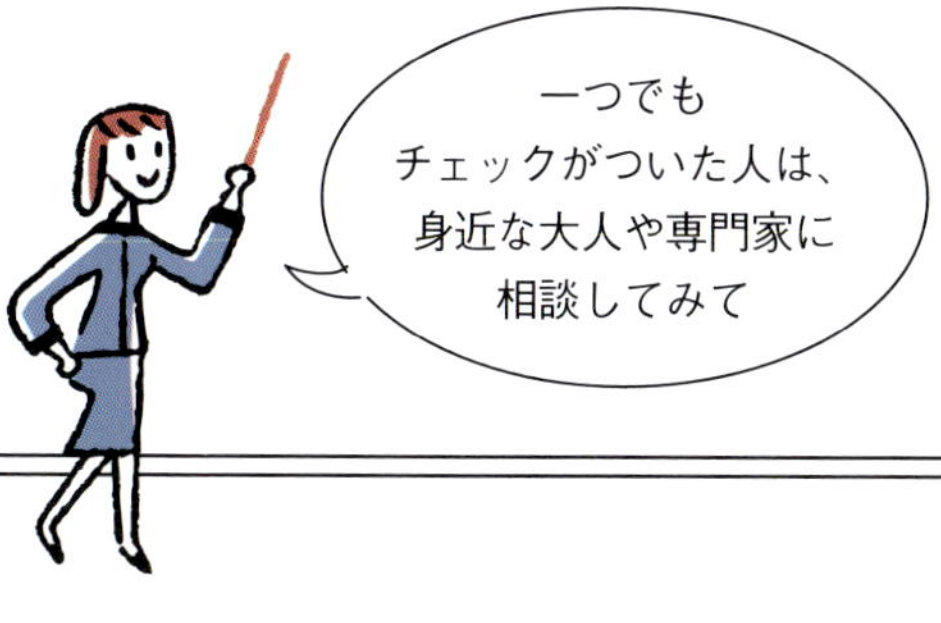
一つでも
チェックがついた人は、
身近な大人や専門家に
相談してみて

13

月経痛（月経困難症）はなぜ起きる？

激しい痛みは子宮の強い収縮が原因。子宮口が狭い思春期は特に痛みが強い

月経痛の痛みや強さは人それぞれ違います。まったく痛みのない人もいれば、下腹部がギューッと締めつけられる痛みに耐え続ける人もいます。鈍痛を感じる人、腰痛や頭痛がひどい人などさまざまです。なかには**痛みが強すぎて外出できない、寝込んでしまうなど**、**激しい症状が出る場合を月経困難症といいます**。

なぜ月経痛が起きるのでしょう。一つは子宮の激しい収縮です。月経中は、子宮の内側をおおう子宮内膜や血液が、子宮口から排出されます。経血を押し出すために子宮を収縮させるのが、生理活性物質のプロスタグランジンです。その分泌量が多いと、子宮の収縮が強くなりすぎて痛みが出るのです。10代の女性の場合、経血の出口である子宮口が狭くてかたいことがあります。細くて狭い通路から経血を無理やり押し出すため、子宮収縮が激しくなって痛みの原因になっていることも。「出産したら月経痛がなくなった」という人の多くが、このパターンです。ほかにも、骨盤周囲の冷えやストレス、ホルモン変化による不調が原因であることも。このように、**特別な病気がないのに起こる月経痛を機能性**

あなたはどっち？

機能性月経困難症

- プロスタグランジンの分泌が多く、子宮の収縮が激しい
- 子宮口の出口が狭くて経血が出にくく、子宮の収縮が強くなる

器質性月経困難症

- 子宮内膜症や子宮筋腫などの病気の可能性が

月経困難症と呼びます。

鎮痛剤が効かない場合は子宮内膜症などを疑って

月経痛の原因に病気が隠れている場合は、**器質性月経困難症**といいます。「軽かった月経痛が突然重くなった」「痛みがだんだん強くなる」「薬を飲んでも効かない」という場合に疑われます。**10代や20代の女性で最も多い原因は、子宮内膜症です**。病気の治療が優先ですので、婦人科の診察を受けましょう。

「月経痛が競技のパフォーマンスに影響を与えている」と感じる女性アスリートは多いものです。治療に鎮痛剤を使うのが一般的ですが、海外では**低用量エストロゲン・プロゲスチン配合薬（LEP）**というホルモン剤を使用して症状を緩和したり、月経の時期をずらしたりすることが一般的になりつつあります。それについては第4章でくわしく説明します。

そのほかにも知っておきたい月経トラブル

初経の異常

遅発月経

最初の月経を「初経」といい、95%の人が10歳半から14歳半までに初経を迎えます。初経が15歳以上18歳未満の場合を遅発月経といいます。一般的に18歳までに初経があれば問題ないとされますが、女性アスリート（特に体操や長距離走などのやせている選手）は遅発月経が多い傾向にあります。原発性無月経も疑われるので、遅発月経に気づいた時点で受診したほうがいいでしょう。

原発性無月経

満18歳になっても初経がない場合を原発性無月経といいます。染色体異常が原因であることが多いのですが、女性アスリートの場合には視床下部性無月経の可能性もあります。無月経が続くと卵巣機能が低下することもあるため、15歳の段階で初経がない場合には、専門家に相談することをおすすめします。

経血量・期間の異常

過多月経・過長月経

経血量が多く、ナプキンが1時間もたない、レバー状の血のかたまりが出るという場合は過多月経かもしれません。月経が8日間以上続けば過長月経です。出血量が多いと貧血がひどくなる可能性がありますから、専門家への相談が必要です。

過少月経・過短月経

ナプキンにうっすらつく程度の経血量であれば過少月経、月経が1〜2日の短い期間で終わる場合を過短月経といいます。期間が短くても経血量が正常であれば問題ありません。過少月経から無月経になることもあるので、続くようなら専門家に相談を。

月経周期の異常

頻発月経

月経周期が24日以内の場合をいいます。思春期に多くみられるのは無排卵性の頻発月経。体が成熟してくると安定することが多いものですが、月経回数が多いと貧血になる可能性も高いので注意が必要です。

希発月経

月経周期が39日以上の場合をいいます。月経周期が順調になっていない10代であれば、治療の必要はないとされます。ただし、3カ月以上月経がない場合には続発性無月経が疑われるので、専門家に相談しましょう。

続発性無月経

これまであった月経が、3カ月以上停止している場合。主な原因は脳の視床下部や下垂体の機能低下です。女性アスリートに多い症状で、3カ月以上続くと回復に時間がかかってしまいます。専門家に相談を。

14

月経前症候群（PMS）はなぜ起きる？

女性ホルモン増加の影響で月経前の1週間に不快な症状が

毎月、月経前になるとイライラしたり怒りっぽくなったり、頭痛やめまいなどの不快症状に悩まされたりすることを**月経前症候群（PMS）**といいます。なかでも、重度の抑うつ状態や攻撃性など精神的な症状が強く出る場合は、**月経前不快気分障害（PMDD）**と呼ばれます。重度のPMSと考えていいでしょう。

月経前1週間くらいから始まり、月経が始まったとたん症状が消えるという特徴があります。原因ははっきりわかっていませんが、ホルモンの急激な変化と考えられています。

排卵後、体は妊娠に備えてエストロゲンとプロゲステロンがともにふえますが、妊娠しなければ急激に減少して月経を迎えます。このような女性ホルモンの激しい増減によって体にさまざまな変化が起こり、不調をきたしているようです。

アスリート特有の健康障害にPMSがかかわっている

PMSに悩まされるのは、アスリートも同じです。ある調査では、体育会所属の大学生ア

もしかしてPMS？と思ったらチェック

排卵期を過ぎてから以下のような症状がいくつかあらわれ、
月経が始まるとなくなる場合、PMSやPMDDかもしれません。

精神的な症状

- □ イライラしたり怒りっぽくなる
- □ うつ気分や落ち込みが強い
- □ 不安、緊張感、どうにもならないなどの感情がある
- □ 感情コントロールができず不安定になる
- □ 批判や拒絶に対して敏感になる
- □ いつもより疲労感がある

身体的な症状

- □ おなかや下腹部に膨満感がある
- □ 手や足にむくみがある
- □ 頭痛や頭が重い感じがする
- □ 胸が張って痛い
- □ 腰に痛みや重みを感じる
- □ ひどく眠くなる
- □ 体重がふえる
- □ 便秘になる

スリートの44・3％がPMSによる障害に気づいています。しかもその重症度が高いのです。なかでも「強い不安」や「過食や拒食」の症状が重いといった傾向があり、**女性アスリート特有の健康障害とされる不安障害や摂食障害がプロゲステロンとかかわっている**と指摘されています。別の調査では、高校の現役運動部員でも41・1％がPMSを自覚していることがわかりました。従来、PMSは排卵機能が整った成人女性に多いとされてきましたが、女性アスリートは一般の女性よりも早い段階からPMSを自覚し、悩まされているのです。

対策の第一歩は、基礎体温をはかって月経周期を把握することです。月経前の体調を確認し、試合やトレーニング方法を見直しましょう。薬物治療としては、OC・LEP（低用量経口避妊薬）が有効とされます。上のチェックシートを使い、PMSの可能性がないか確認してみてください。

Interview

03

初経からスランプに陥ったつらい経験を誰かの役に立てたくて

松田知華さん
（大学院生・元水泳選手）

1993年愛知県出身。日本体育大学大学院体育科学研究科博士前期課程在学中。4才から水泳を始め、小3から高3まで毎年全国大会に出場。小6時には全国6位の成績を収める。現在は、月経周期が生理学的指標および運動パフォーマンスに及ぼす影響について研究している。

中3で突然やってきた「タイムが落ちる」体験

「これだ。私のスランプの原因はこれだったのかも！」

松田知華さんは、初めて須永美歌子教授の授業を受けたときの、体に電流が走るような衝撃が忘れられません。大学1年生の彼女の脳裏に、中学3年生の自分の苦しさがありありとよみがえってきたのです。

どんなに練習しても落ちていくタイム。重くなっていく体。大好きだった水泳に見放されるような恐怖感。

「なぜこんなことになったのか、その原因がまったくわからなくて、精神的にどんどん追い込まれていった時期でした。須永先生に出会って、その理由が月経にあったかもしれないことを初めて知りました」

松田さんが水泳を始めたのは4才のころ。兄がスクールに通う姿を見て、自分から「やりたい」と言って始めた習い事でした。

「水泳が好きで、楽しくて、とにかく夢中で泳いでいました」

　選手コースに入ってからは、週6日の練習。それを苦痛に感じたことはありませんでした。練習すればするほどタイムが伸び、小学6年生のときには全国で6位入賞。中学でも好成績を収め、水泳の強豪校である私立高校から推薦入学の話もいくつかありました。

　ところが、中学3年生のときに大きなスランプに見舞われます。200メートルで10秒以上、100メートルだと5秒以上タイムが落ち、中2のとき優勝した中部日本ジュニア水泳選手権大会で、予選さえ通過できませんでした。

「会場で『あの子、去年優勝した子だよね? 受験勉強のしすぎかな?』と噂している声が聞こえたんです。『違うよ。いままで以上に練習しているんだよ!』と叫び出したい気持ちでいっぱいでした」

高校2年時のスイミングスクールの全国大会にて。

高校、大学、その先 未来は180度変わった

　スランプの原因が月経にあったかもしれないことに、当時の松田さんは気づきませんでした。中3の初めに初経が来て、体は変化し、体重は1年間で5kgふえました。小6からほとんど変わらなかった身長と体重。体が記憶していた泳ぎのバランスがくずれ、立て直すことができなかったのです。

「月経周期で体重が変化したり、体調が変わったりするなんて、考えもしませんでした。強化練習で全然スピードが出なくて、『なんでだろう』って悩んだことがあったんですが、振り返るとちょうど月経の最中だったんです」

　月経痛もひどく、泳いでいると体が冷えてますます腹痛がひどくなることもありました。それでも「月経によって腹痛になる」ということにさえ気づいていなかったのです。

「泳ぎ方を変えれば改善するのではないか」「体重がふえたぶん筋肉を

つけなくては」と悩んでトレーニングしても改善しない。練習に行こうとすると熱が上がり、練習を休む連絡をするとストンと平熱に戻る。……そんな日々を繰り返し、「水泳をやめよう」とまで思うようになった松田さん。私立高校への進学は断り、公立高校を受験しました。

（左下）高校3年時、部活の同期全員で出場した最後の大会。（右下）高校2年時のスイミングスクール全国大会にて。

「高校、大学、その先まで水泳で進むつもりだったのに、人生の未来図が180度変わってしまいました」

女性アスリートには科学的なサポートが必要

そんな松田さんを精神的に支えてくれたのは「いつでもやめていいんだよ」とかろやかに受け止めてくれた母の存在と、「小さい子の指導を手伝うだけでもいいよ。泳がなくてもいいから遊びにおいで」と言ってくれたコーチのあたたかさでした。

「競技から離れても、プールからは離れずにいられました」

公立の進学校に進んだ松田さんは水泳部に入り、部活の仲間とともにインターハイに出場。月経周期による体の変化を自然に受け入れられるようになり、水泳を好きな気持ちを保ち続けることができました。

「いまの私は、たくさんの人に支えられたおかげで存在している」と、松田さんは考えています。

「だからこそ、自分と同じように悩んだり苦しんだりしている人に寄り添ってサポートができる人になりたいと思っているんです」

いまこの瞬間にすべてを燃やしてがんばるアスリート。彼女たちを支えるために必要なのは、科学的で説得力のある裏付けだと松田さんは考えています。

「不調の原因はどこにあるのか、どうすればもっともいい形で解決できるのか、大学院でそれを学んで、将来的に社会に還元する。そんな道を歩んで行きたいと思います」

Part 3

女性アスリートには特有の健康障害がある

15

知っておきたい女性アスリートの三主徴

低エネルギー状態が続くことで無月経や骨粗しょう症など深刻な問題が

近年の女性アスリートの活躍は目覚ましいものです。オリンピックなどで輝くトップアスリートにあこがれ、あるいは部活動でスポーツの楽しさに目覚め、多くの少女が日々トレーニングを積み重ねています。それはとてもすてきなことですが、本来は健康的なものであるスポーツによって、健康をむしばまれている若い選手がふえているのも事実なのです。

1997年、世界で初めてアメリカスポーツ医学会が、女性特有の健康障害として**「女性アスリートの三主徴」**を発表しました。「主徴」とは「症状」のようなものです。当時は摂食障害・無月経・骨粗しょう症を「三主徴」として警鐘を鳴らしましたが、必ずしも摂食障害でなくても無月経や骨粗しょう症のリスクが高まることがわかってきたため、2007年に**①利用可能エネルギー不足、②視床下部性無月経、③骨粗しょう症の三つに再定義されました。**

三主徴についての知識は選手本人と指導者にも

女性アスリートの三主徴

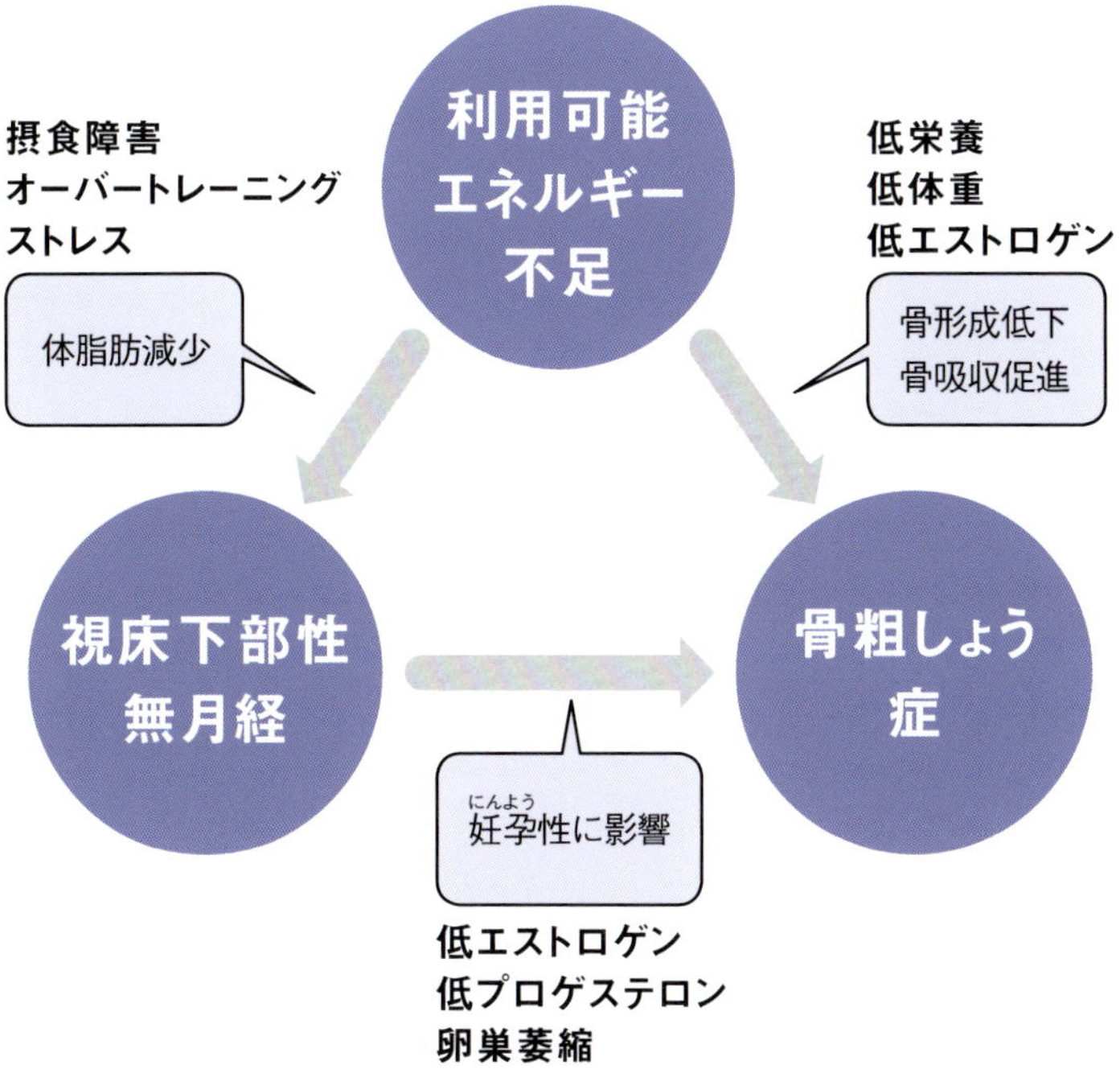

この三つは横並びに存在しているのではなく、相関関係をもちながら影響し合い、長期間かけて「健康な状態」を「治療が必要な状態」に体を変化させます。

発端にあるのは利用可能エネルギー不足です。その影響を受ける形で、視床下部性無月経や骨粗しょう症が深刻化していきます。ここまでくると回復には長い時間がかかり、競技パフォーマンスを低下させるだけでなく、選手生命を失う結果にもなりかねません。

病気やケガの前に、三主徴予備群のアスリートを見つけ出して改善していくことが急務です。また、三主徴の予防のための教育や指導も欠かせません。実際、女性アスリート本人やその指導者でさえ、「月経なんてなくていい」と思い込んでいる現実があります。真に強いアスリートになるためには、健康というパートナーが不可欠。そのことを、この章ではお伝えしていきたいと思います。

16

最大の問題はエネルギー不足

やせれば速くなる、強くなる、美しくなる……その〝神話〟がアスリートを苦しめる

日本の少女たちの「やせ願望」は、年々低年齢化しているといわれますが、アスリートも同様です。実際、「競技力の向上のためには減量が欠かせない」と考える若い選手は多いものです。やせれば速くなる、強くなる、美しくなる……そんな神話にしばられた結果、深刻な問題を引き起こしているのが**利用可能エネルギー不足**です。

利用可能エネルギーとは、**エネルギー摂取量から、運動によるエネルギー消費量を引いたもの**です。いうなれば**身体機能を維持するために利用可能なエネルギー**です。

ハードなトレーニングをする場合、運動で消費する以上のエネルギーを食事からとる必要があります。**運動量が多いにもかかわらず十分な食事がとれていない**とき、もしくは食べているけれど運動がハードすぎて追いつかないとき、利用可能エネルギー不足に陥るのです。この状態が続くと、体の健全な発達や代謝機能、心臓や血管の働き、骨の成長、さらには精神面への悪影響をもたらし、スポーツパフォーマンスを低下させます。ちなみにこれは、女性のみならず**男性にも起こりうる問題**なのです。

トレーニングしているのに食べてない！

利用可能エネルギー不足（low energy availability）

意図的に摂取エネルギーを減らしている場合もあるが、運動量が多すぎて、食べても追いつかないというケースもある。

利用可能エネルギー不足になりやすいタイプ？

３つ以上あてはまる場合は、利用可能エネルギー不足にならないよう注意しましょう。

- □ あなたは自分の体重を気にしていますか？
- □ 現在、体重の減量、あるいは増量にとり組んでいますか？
  または、誰かにそのことをすすめられていますか？
- □ あなたは特定の食べ物や食品群を避けていますか？
- □ 摂食障害になったことがありますか？

17

適正な体脂肪が、女性ホルモンを正常に分泌

体脂肪が減りすぎると視床下部の働きが乱れて無月経に

エネルギーをつくり出す2大栄養素とは何でしょう？　正解は糖質（炭水化物から食物繊維を引いたもの）と脂質です。特に糖質はエネルギーとして消費されやすく、運動量が多いとすぐに使い果たされてしまいます。逆に運動量が少ないと、余った糖質は脂肪に変換されて、体の中に蓄えられます。これが体脂肪です。

運動で消費するエネルギーに対して、食事から得られるエネルギーが少ないと、体脂肪が燃やされてエネルギーになります。体脂肪が過剰な人にとっては喜ばしいかもしれませんが、**体脂肪は必要以上に減らしてはいけないもの**でもあります。

利用可能エネルギー不足は骨粗しょう症を引き起こす

なぜなら、体脂肪は「ムダな脂」ではなく、ホルモンなどの生理活性物質を分泌する重要な組織だからです。体脂肪は多すぎても問題ですが、少なすぎるのも大問題です。

体脂肪が極端に減ると、内分泌系をコントロールする視床下部の働きが乱れます。その

18.5未満は
要注意！

自分のBMIを計算してみよう

BMI＝体重（kg）÷身長（m）÷身長（m）

標準体重の85%
未満は要注意！

10代は標準体重で計算

標準体重＝身長（m）×身長（m）×22

一つとして視床下部が担う「女性ホルモンを分泌して！」という指令が止まり、月経がストップしてしまうのです。これを**視床下部性無月経**といいます。

さらに、体脂肪から分泌されるレプチンは骨密度にも影響を与え、骨折リスクが高まることが知られています。また、無月経になってエストロゲンが低下すると、骨代謝が悪くなって骨密度も低下してきます。これが**疲労骨折**の要因でもあります。利用可能エネルギー不足は、そのほかにもさまざまな問題を引き起こしています。

とはいえ、実際のエネルギー摂取量や、運動によるエネルギー消費量を正しく計測することは専門家にもむずかしいものです。成人であれば**BMIが基準になります**。18・5未満であればやせすぎということになります。未成年であれば、**標準体重の85%未満かどうか**を目安にするといいでしょう。

18

体重だけにしばられすぎないで

黄体期には体内の水分量が増加。でも脂肪量は変わらないことも多いものです

体重が1キロふえていたらどうしますか？　女性アスリートにそんな質問をすると、「絶食する」「水も飲まない」と答える人が多いことに驚きます。でも、少しお待ちください。成長期であれば、体の発達によって体重増加が起きるのは当然のことです。また、トレーニングで**筋肉がふえると体重は増加**します。同じ体積で比較したとき、脂肪よりも筋肉のほうが重いからです。さらに女性は、**月経周期で体重が変動しやすい**特性もあります。

左ページのグラフ①②は、４人の被験者の月経周期における体重変動の例です。４人中３人が、月経期から排卵期にあたる**卵胞期に体重が落ち、黄体期に体重が増加**しています。

体重を増減させるのは女性ホルモンの働き

卵胞期に分泌がふえる**エストロゲンは、食欲をコントロールして体重を減らす**働きがあります。一方、黄体期に入ると**エストロゲンとプロゲステロンがともに増加し、体内の水分を貯め込む**傾向があります。実際に黄体期の水分量は、ほかの時期より多いのです（グ

月経周期による体組成の変化

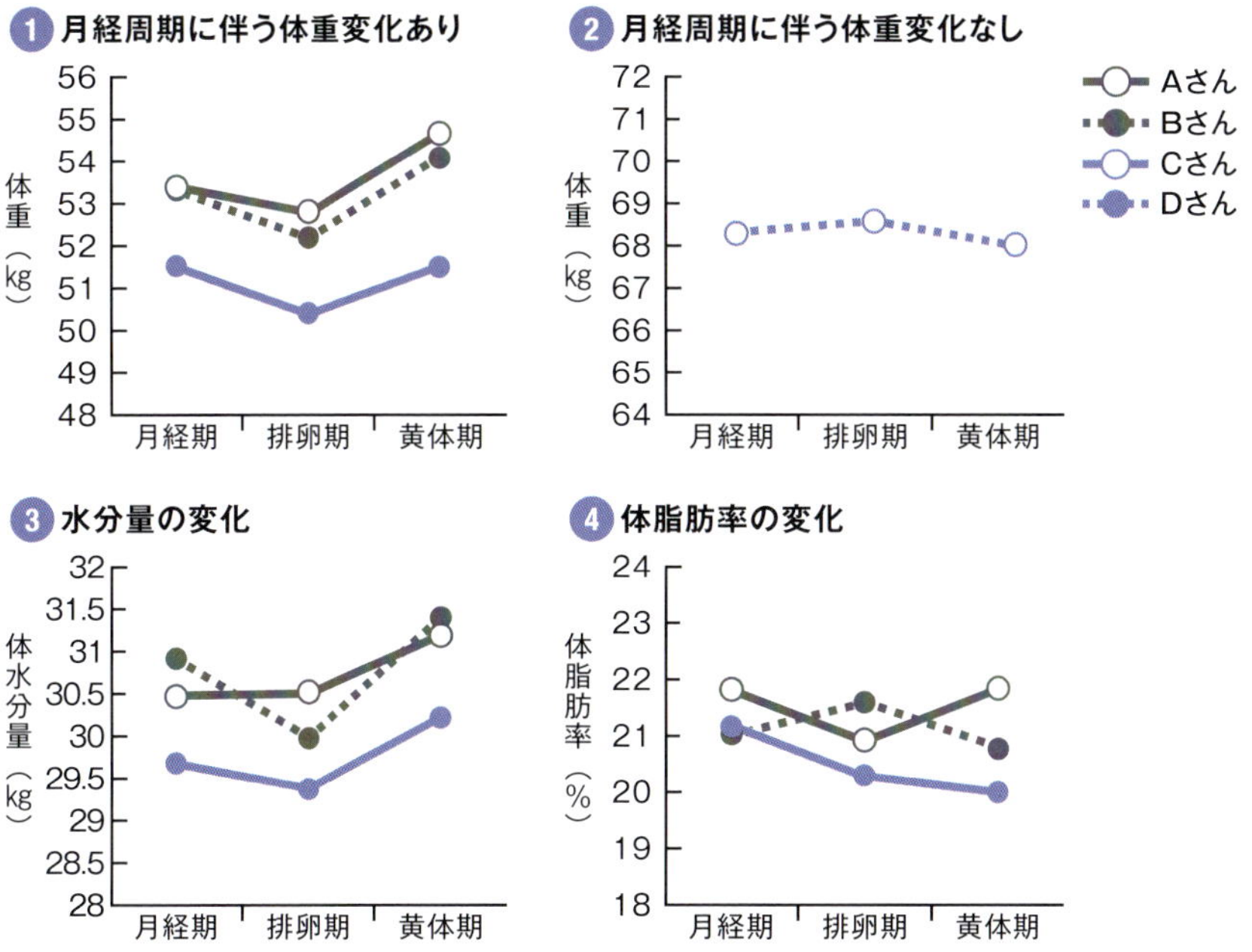

出典:日本体育大学, スポーツ庁委託事業, 女性アスリート育成・支援プロジェクトホームページ

ラフ③)。では体脂肪はというと、体重がふえる時期と、体脂肪率がふえる時期は必ずしも一致しません(グラフ④)。**体重増加の原因は、脂肪よりも水分増加にありそうです。**つまり「体重がふえた」=「減量が必要」ではないということです。

確かに黄体期は食欲が増加し、摂取エネルギーがふえる時期でもあります。月経周期と食欲の関係を調べた調査でも、月経前に食欲が高まり、月経が始まると食欲が落ちるという結果が出ています。なぜかというと、**黄体期は基礎代謝がふえる時期**なので、体が多くのエネルギーを求めているのです。

もしも上のグラフのAさんが、排卵期と黄体期(月経直前)に1回ずつ体重測定をした場合、「体重が2kgもふえた」とショックを受けるでしょう。けれど月経周期の中で見ればあたりまえのこと。月経が終われば元に戻る可能性が高いと知ってほしいと思います。

19

女性アスリートに多い視床下部性無月経とは

「女性アスリート外来」を訪れた10代アスリートの半数以上は無月経

２０１７年４月に、東京大学附属病院に「女性アスリート外来」が開設されました。２０１８年４月までの１年間に、この外来を訪れた女子選手は１５７人。相談内容で最も多かったのは無月経（34％）でした。**14歳から19歳の10代アスリートに限定すると、53％が無月経**の相談だったのです。

日本産科婦人科学会と国立スポーツ科学センターの調査によると、無月経の割合は一般の大学生で１・８％ですが、日本代表選手レベルでは６・６％、地方大会レベルでも６・１％と非常に高い数値を示しています。女性アスリートの無月経のほとんどが、視床下部性無月経です。第2章で説明したとおり、月経は脳の中の視床下部からの指令で始まります。女性ホルモンは卵巣で分泌されるのですが、視床下部からのゴーサインなしには分泌することはできません。しかし、利用可能エネルギー不足、それに伴う体脂肪の減少、トレーニングのしすぎ、そして心身のストレスなどで視床下部のコントロール機能は低下してしまい、女性ホルモンが分泌されにくくなり、月経が止まってしまうのです。

視床下部性無月経になるしくみ

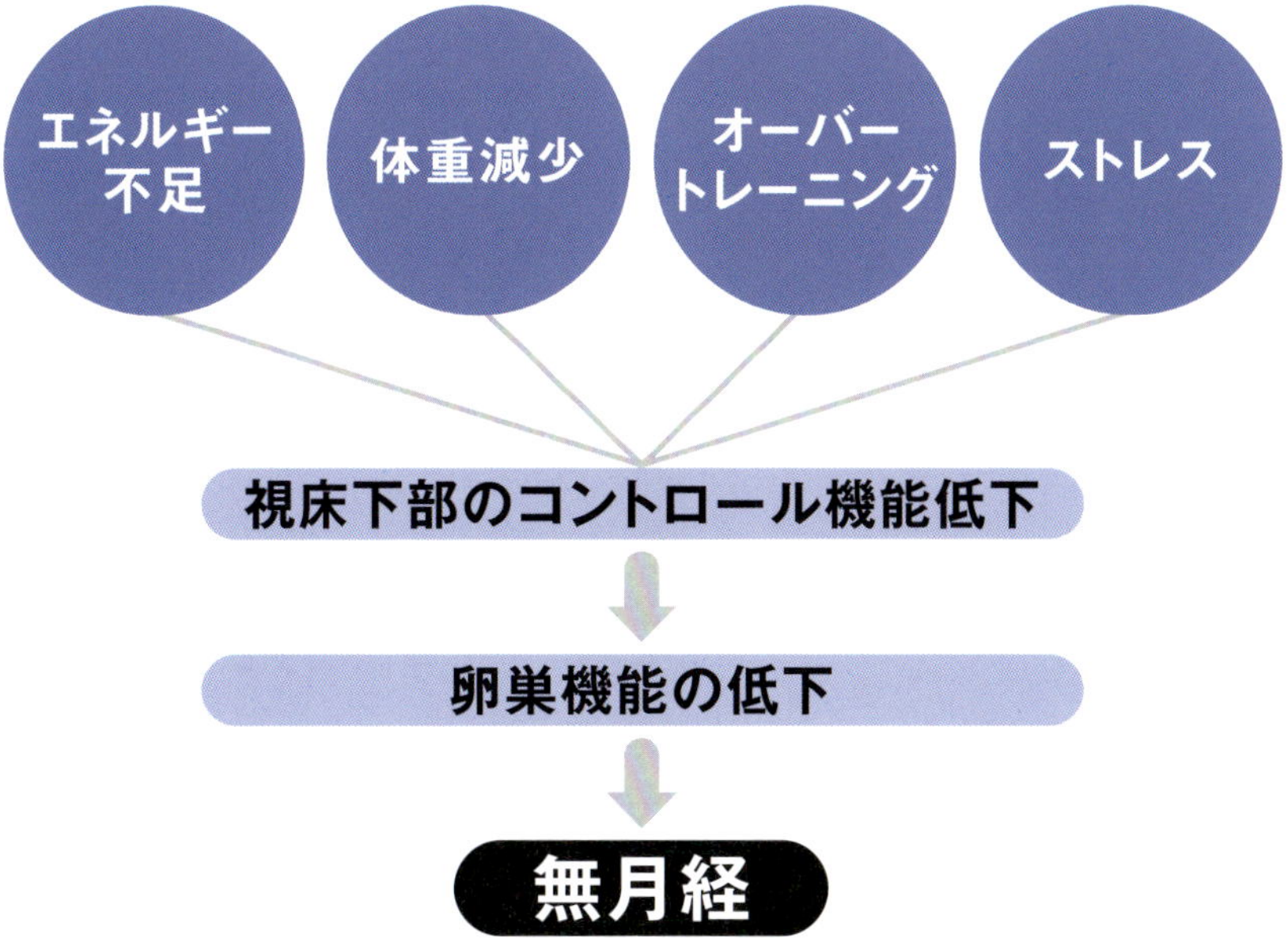

なかでも最大の原因は体脂肪の減少です。

審美系や持久系のスポーツに無月経の選手が多いわけ

視床下部性無月経の割合が多い競技は、**審美系（体操・新体操、フィギュアスケート、バレエなど）が突出しています。選手の16・7%に無月経**が見られます。次いで陸上の中長距離などの**持久系競技が11・6%**。低体重であることが有利に働きがちな競技であるため、選手自身が摂取エネルギーを控えてしまうことが原因とされています。

多くの場合、突然無月経になるわけではありません。利用可能エネルギーが減るにつれて、まず無排卵になり、それから月経不順（希発月経）になり、最終的に無月経になります。「月経はあるけれど基礎体温が二相にならない」「月経の頻度や量が減っている」という段階で改善することが重要なのです。

妊孕性

妊娠のしやすさ。

20 「生理がこないのはラクでいい」の落とし穴

無月経は生物としての極限状態のサイン。回復にも時間がかかります

飽食の時代に生きる私たちは、エネルギー不足の問題点に無頓着になりがちです。けれど、戦時中の食料不足しかり、江戸時代の飢饉《ききん》しかり、**エネルギー不足は生死にかかわる大問題**なのです。左の図に示したように、生き物には三つの基本的な機能があります。呼吸や体温を維持する「生きるための機能」、歩いたり走ったりする「運動するための機能」、そして子孫を残すための「生殖機能」です。しかし、生きる環境が厳しくなり、**極限状態まで追い詰められたとき、生物は次世代を残す機能を捨てます**。それが無月経。「**生物として危険な状態**」と言えるかもしれません。

「でも、競技をやめたら再開するんでしょ?」と安易に考える傾向もありますが、実際に復活までには長い時間がかかります。疲労骨折の頻度も高くなり、なかには**卵巣機能が回復せず、妊孕《にんよう》性に問題が出てしまうケースもあります**。

無月経のようなSOSサインは、男性にはありません。突然命にかかわるトラブルが起きる可能性があるのです。**女性だけにある大事なサイン**を、見のがさないでください。

無月経は極限状態のサインです!

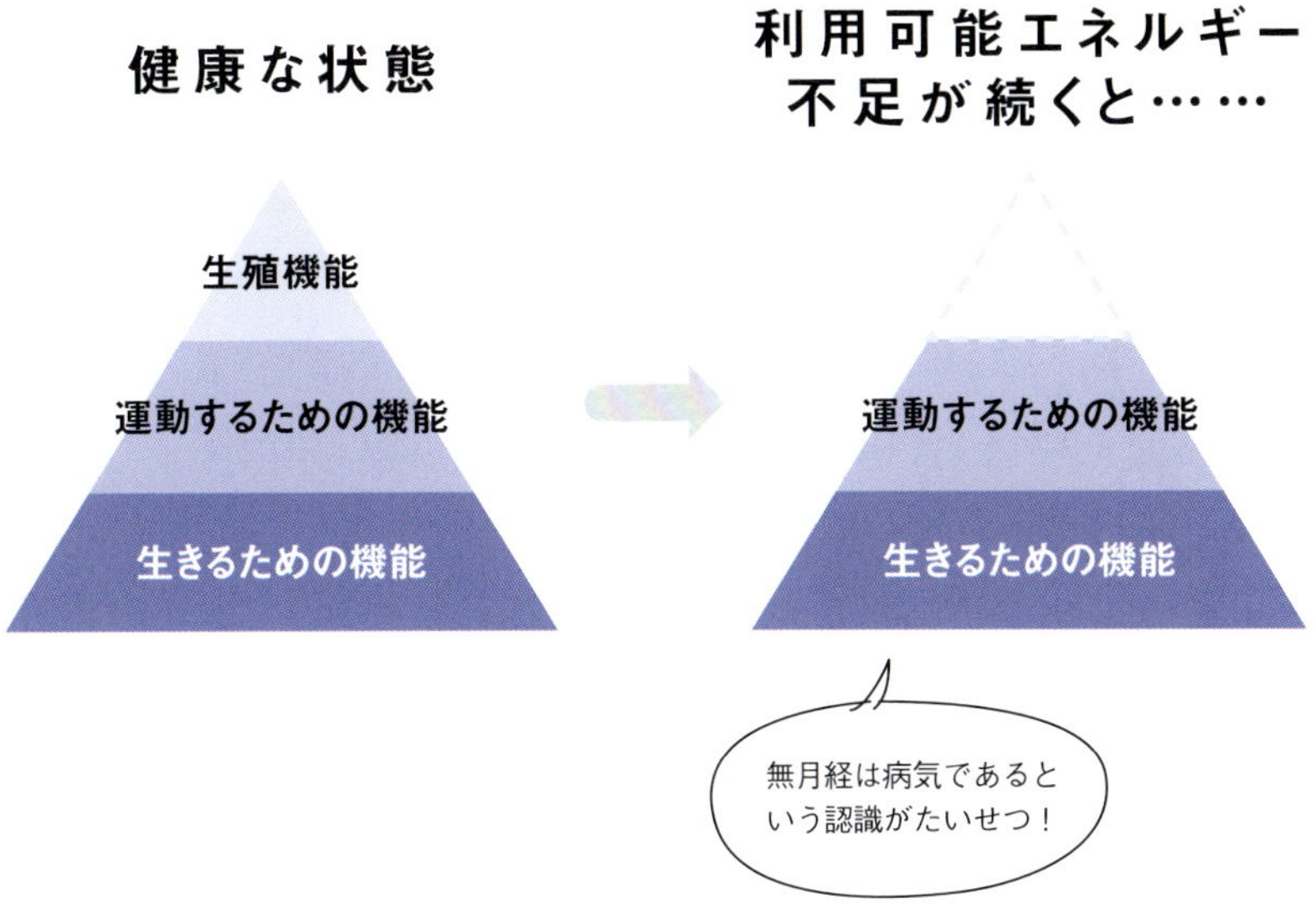

あなたは大丈夫？　無月経チェック

□ **15歳以上で初経を迎えていない**
…初経の平均：一般人12.2歳、アスリート12.9歳
…14歳で98%が初経を迎えている

□ **3カ月以上生理がこない**
…初経から3～4年は不安定なので、
1～2カ月なら問題ないことが多い

21

無月経では強くなれない！

同じようにトレーニングしても結果に結びつかないのが無月経の選手

「女性アスリートは月経が止まったほうが強い」と誤解する人もいますが、現実はまったく逆。**無月経の選手は、トレーニング効果が出にくい**ことは研究によって明らかです。

カナダの研究グループは、15〜17歳の国際レベルの水泳選手に対して、12週間の合宿トレーニングを行いました。過酷なトレーニングは心肺機能も筋力も高めますから、本来なら合宿後には記録が伸びるものです。実際、正常に月経のある選手の群は8・2％向上したのですが、**月経異常のある選手の群はマイナス9・2％、つまり、合宿をする前よりもパフォーマンスが低下してしまったのです**。同じトレーニングをしていたにもかかわらず、です。その背景には、慢性的なエネルギー不足による低代謝があるため、長期間トレーニングしても必要な筋力や持久力がつきにくいのではないかと考えられています。

運動パフォーマンスの向上のためには、繰り返しハードなトレーニングを続ける必要があります。食べるものも食べず、必死で運動して、それで結果が出ない……そんなつらい状況は変えていかなくてはいけません。

正常月経と無月経、パフォーマンスの違いは？

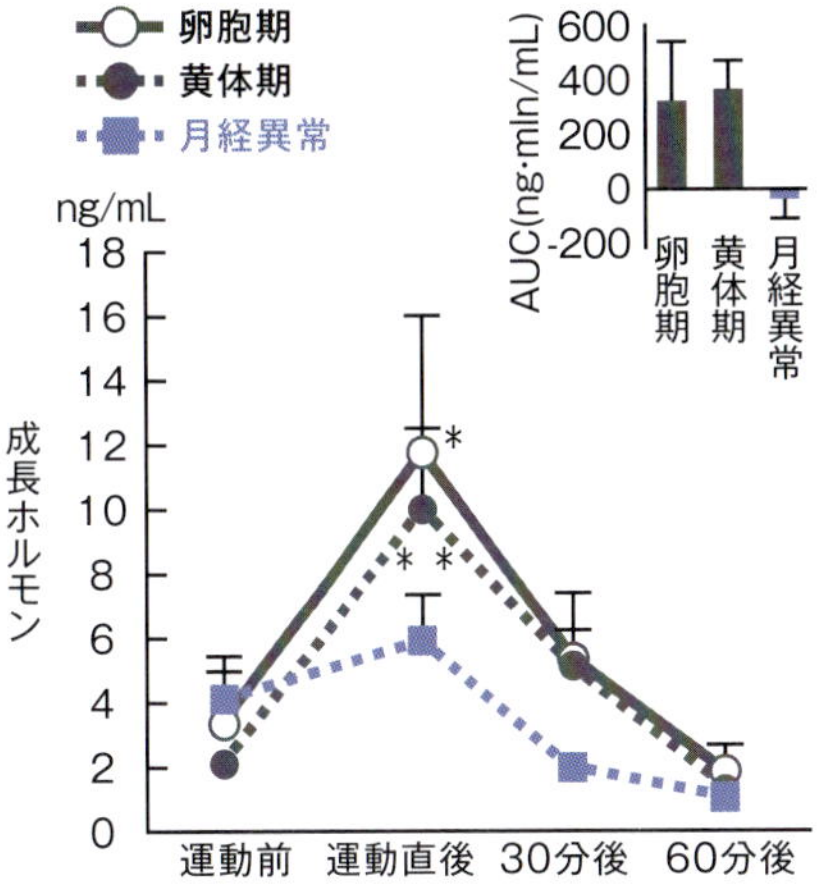

筋力トレーニング時の成長ホルモン

正常月経群は、卵胞期でも黄体期でも、筋トレ直後に十分な成長ホルモンが分泌されるが、月経異常群は成長ホルモンの分泌が少ない。

出典：Nakamura Y et al.,2010

運動時の血中アドレナリンの変化

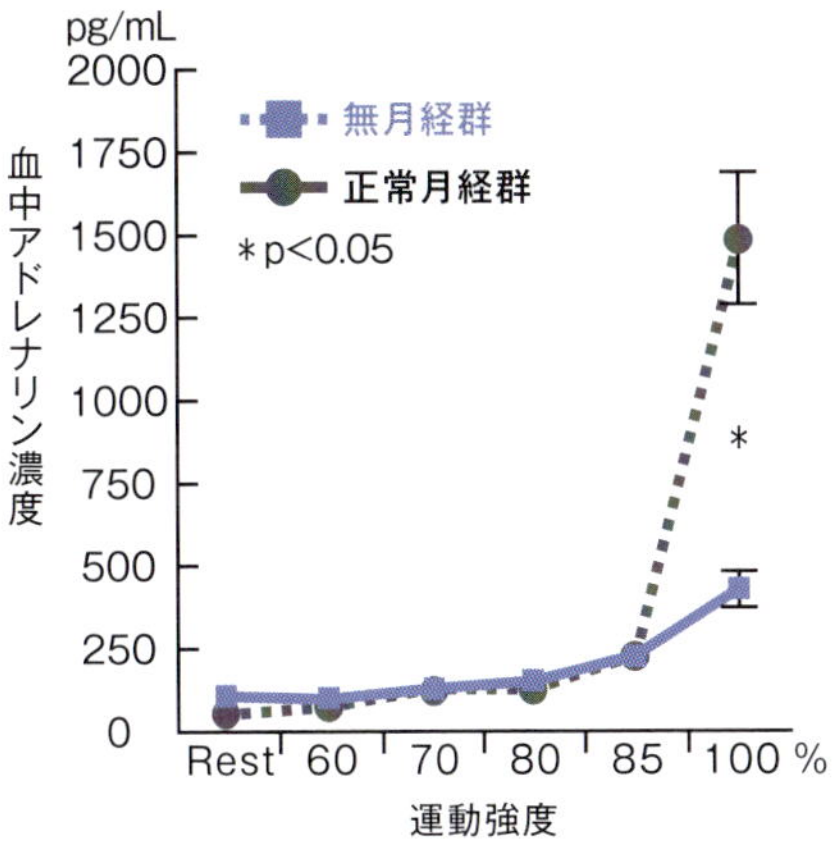

運動時の血中ノルアドレナリンの変化

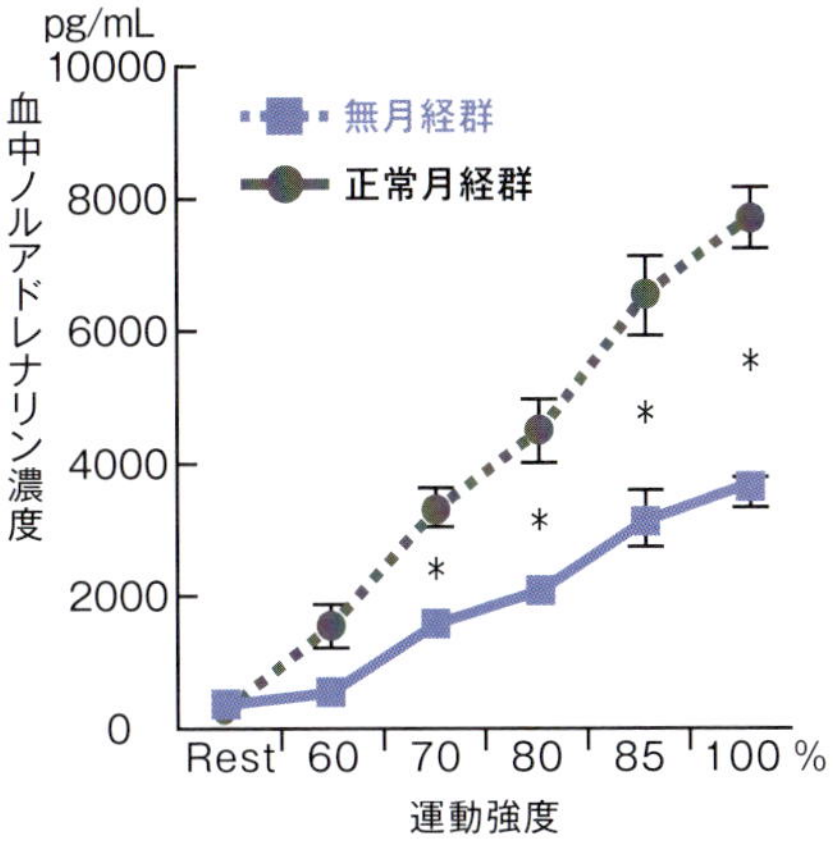

アドレナリンとノルアドレナリンは、運動時に呼吸数をふやしたり、心拍数を上げたり、筋肉にエネルギーを送ったりするホルモン。100%の力を出すには不可欠だが、無月経群は分泌が少ないことがわかる。

出典：Schaal K et al.,2011

22

10代で骨粗しょう症？ その背景に無月経が

疲労骨折は16～17歳に頻発。骨量が少ないことでより折れやすく

男女を問わず、アスリートに多いケガが疲労骨折です。通常の骨折とは違い、繰り返し同じ場所に刺激を与え続けることで、骨の組織が壊されてしまうものです。かたい針金でも、繰り返し曲げ伸ばしを続けるとポキンと折れてしまいます。疲労骨折も同じです。

女性アスリートの疲労骨折が男性と違うのは、**「女性アスリートの三主徴」とのかかわりで発症する**ことが少なくない点です。日本産科婦人科学会女性ヘルスケア委員会の調査では、**ＢＭＩが低いほど疲労骨折になりやすい**ことがわかっています。また、産婦人科医の能勢さやか医師らによる調査では、10代女性アスリート２３９名のうち、**疲労骨折発症の割合は正常月経群で11％、無月経群では38％**と大きな差が出ていました。

エストロゲンの減少で骨密度は低下していく

なぜ疲労骨折がＢＭＩや無月経と関係があるのかについて説明する前に、**骨のリモデリング**についてお話ししましょう。

「壊して・つくって」骨のリモデリング

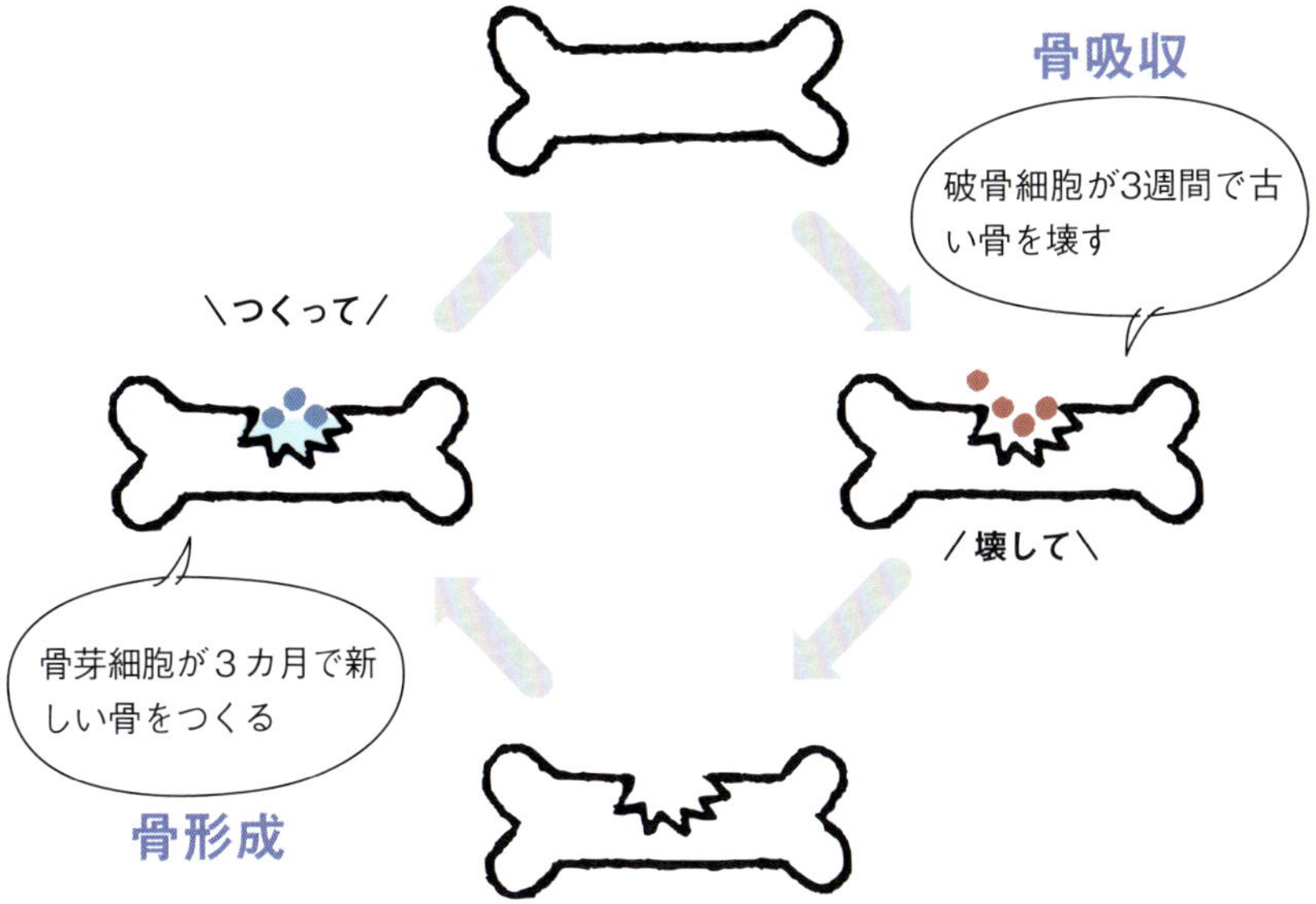

骨はとてもかたい組織ですが、常に新陳代謝しています。「壊して・つくって・壊して・つくって」を繰り返しているのです。骨を壊す「骨吸収」を担当するのが**破骨細胞**、骨をつくる「骨形成」の担当は**骨芽細胞**です。このリモデリングを繰り返すことで、1年間に20〜30％の骨が新しくなっていくのです。

リモデリングは、女性ホルモンと深いかかわりがあります。**エストロゲンは破骨細胞の働きを抑える作用がある**ため、エストロゲンの分泌が急激にふえる12〜14歳のときに骨密度が急激に高くなります。「少し壊して・たくさんつくって」状態です。閉経して**エストロゲンが減ると、「壊して・さらに壊して」になり、骨密度が低下**します。高齢女性の骨粗しょう症の原因がこれです。同じことが、視床下部性無月経の女性アスリートにも起きています。その状態でハードなトレーニングをすると、疲労骨折が起きやすくなるのです。

23

骨量をふやせるのは20歳まで

食事、運動、エストロゲンを十分にとり10代のうちに骨貯金を潤沢に

若い時期の骨量の不足は、女性の一生にかかわる大問題です。前述したように、**骨量は12歳ごろから急激にふえ、20歳で最大値**となります。そこからふえることはなく、閉経を迎える**50歳前後から骨密度は急激に低下**し始めます。妊娠中もエストロゲンの分泌が減るため、女性の骨は常に危機に瀕しているのです。しかも20歳時点でのピーク時に十分な骨がつくれなかった場合、将来の「骨折→寝たきり」の不安が高まっていきます。**女性は10代につくった骨の貯金を食いつぶしながら、一生を過ごす**と言っても過言ではありません。

なかでも、**骨量の増加率が高いのは12〜14歳**です。全身と腰椎の骨の35％、大腿骨頸部の27％は思春期に獲得するといわれています。この時期に利用可能エネルギー不足に陥ったり、摂食障害になったりすると、骨量の不足は深刻になります。ホルモンのアンバランスだけでなく、**骨粗しょう症の原因の一つであるカルシウム、たんぱく質、ビタミンD、ビタミンKといった栄養不足が起きる**からです。中高生の時期は、過度な減量を避け、しっかり食べてしっかり運動することを何より大事にしてください。

女性の骨は時間とともに減っていく

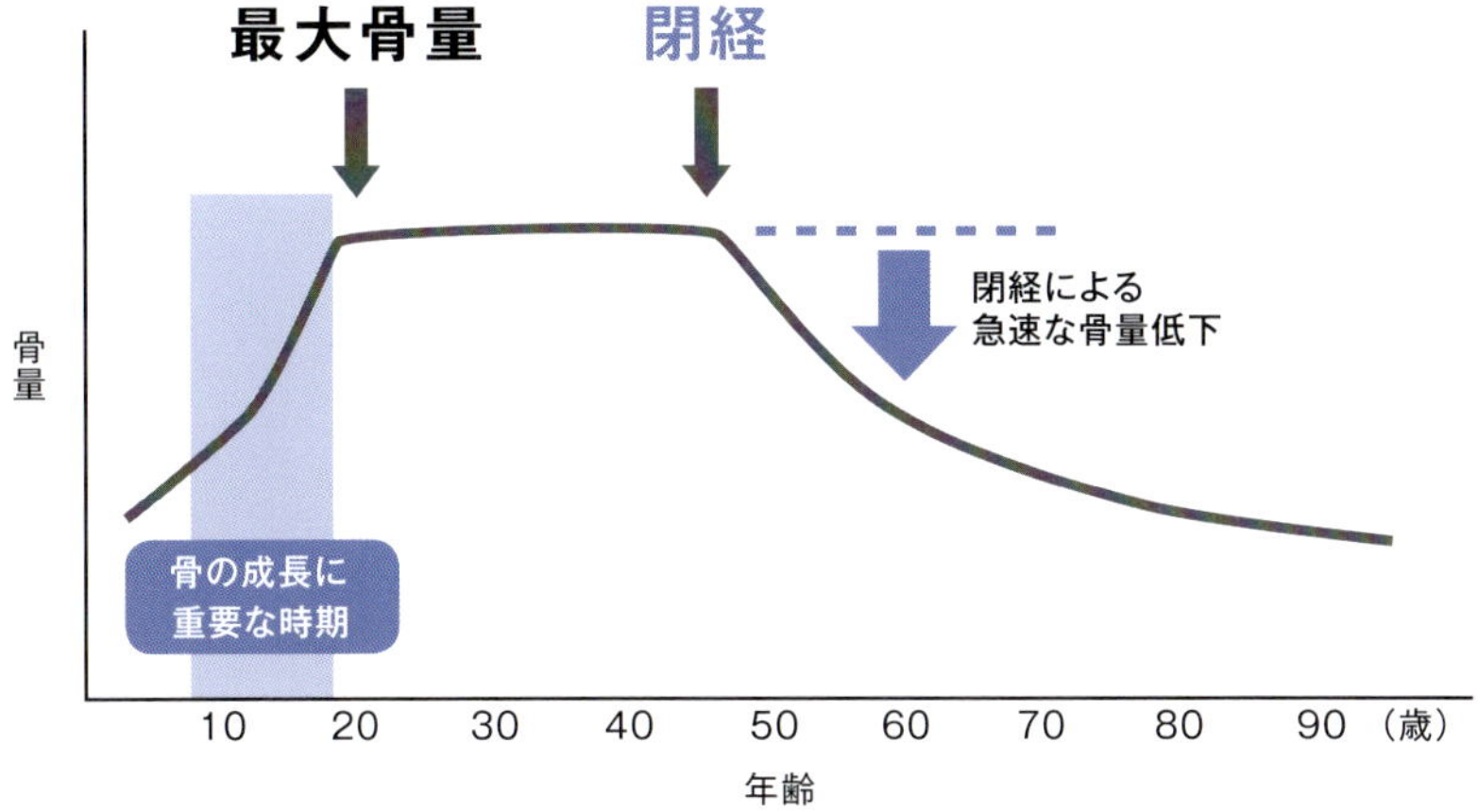

骨量が急激に増加するのは思春期。
この増加率が骨量の最大値を決める。

column

女性アスリート全体で見ると骨密度は高い

運動そのものは、骨密度を高めることに貢献しています。女性アスリートの平均骨量は、一般女性よりも10～15%高いというデータもあります。骨は、荷重がかかった部位の骨密度を高めるという性質があるため、重量挙げの選手や、バレーやバスケの選手は、腰椎や下肢の骨密度がとても高いのです。一方で、競泳の選手は水中でのトレーニングが多いことから負荷がかからず、骨密度が比較的低い傾向があります。

24

鉄欠乏性貧血が女性に多い理由

鉄は全身に酸素を運ぶミネラル。月経のある女性は貧血になりやすい傾向が

私たちの体は、全身のすみずみにまで血管が行き渡り、血液が各細胞に酸素を運び続けています。酸素の運搬係を担当するのが、赤血球の中のヘモグロビンです。**ヘモグロビンが減少して、体が酸欠状態になることを「貧血」といいます。**なかでも女性に多いのが**鉄欠乏性貧血**です。

鉄は、食べ物から摂取されるミネラルで、全身に3～4gほどしかありません。うち7割近くがヘモグロビンの中にあり、3割は肝臓や脾臓に貯蔵鉄（フェリチン）として蓄えられています。鉄は体内で再利用されるため、ごく微量しか体の外に排出されません。本来なら貧血は起こりにくいものなのです。しかし、女性は毎月の月経で**血液とともに鉄が流出しているうえ、アスリートは運動中に使われる酸素の量が多い**ため、一般の人よりも多くの鉄が必要です。鉄を補うには食べ物で摂取するのが一番ですが、鉄の吸収率は低く10％程度。補給しきれない場合に貯蔵鉄が使われ、その貯蔵鉄まで枯渇し始めるのが鉄欠乏性貧血です。月経のある女性にとって、最大の注意を払いたい疾患の一つなのです。

貧血とは？

血液中のヘモグロビンの濃度が低下した状態

貧血のサイン は？

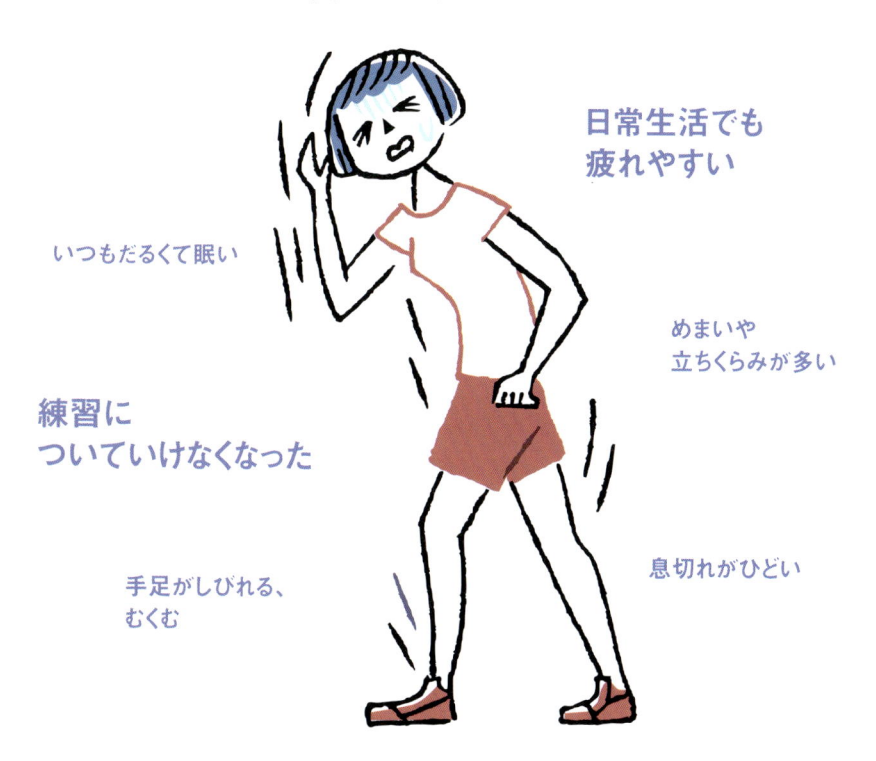

日常生活でも
疲れやすい
いつもだるくて眠い
めまいや
立ちくらみが多い
練習に
ついていけなくなった
息切れがひどい
手足がしびれる、
むくむ

簡単にできるチェック

下まぶたの裏が白い？

下まぶたの裏側が白っぽかったら貧血のサイン。ここには血管が集中しているので、血液の赤い色をつくるヘム鉄が減少している（鉄欠乏性貧血）と白っぽく見えるのです。

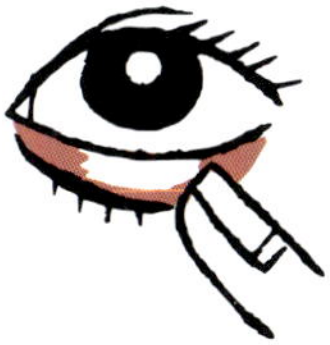

25

貧血がもたらすパフォーマンスの低下

疲れやすい、だるい、持久力がない……
知らず知らずのうちに貧血になっているのかも

貧血は、私たちの体の中で知らず知らずのうちに進行する病気です。**早期発見はむずかしく、確実に知るためには血液検査が必要**です。成人女性の場合、**ヘモグロビン値12g／dL以下**が貧血とされています。ただ、中高生の健康診断で血液検査をすることはまれですから、下まぶたの裏側が白っぽいかどうかが一つの目安になります（前ページ参照）。

アスリートは、がんばっているのに持久力が落ちている、だるくて練習できない、疲れやすいという状態であれば、貧血を疑ってほしいと思います。陸上の中長距離など持久系の競技は特に、試合結果などに如実にあらわれてきます。**ヘモグロビンは体内の酸素運搬担当ですから、数が減ることで体内は常に酸欠状態になり、持久力が低下**するからです。

日々の食事の見直しも必須

貧血にはいくつもの原因がありますが、女性アスリートに多いのは**鉄欠乏性貧血**です。月経で血液が失われるだけでなく、ダイエットを目的とした**栄養バランスの乱れも原因の**

アスリートに多い貧血の種類

貧血の種類	原因	競技力への影響	治療の必要性
鉄欠乏性貧血	●食事内容が悪く、赤血球をつくる材料が足りない ●月経血や発汗、消化管出血などで体内の鉄が不足	持久力の低下	必要
溶血性貧血	物理的な衝撃（走りすぎ、ジャンプしすぎ）で赤血球が壊れる	持久力の低下	必要
希釈性貧血	血液中の血漿量がふえたことで相対的に鉄の割合が減る	持久力の増加	**なし**

一つです。鉄が多く含まれる肉類などを食べず、「パンとサラダ」「おにぎりとみそ汁」といったメニューを選んでいては鉄は補充できません。

溶血性貧血も、アスリート特有の貧血です。足のうらなどへの刺激が多すぎると、**血管内の赤血球が壊れてしまう**ために貧血になります。赤血球が再生されると回復しますが、オーバートレーニングで追いつかないこともあるので注意が必要です。**希釈性貧血**は、赤血球の量そのものは減少していませんので、治療の必要はありません。

貧血かも？と思ったら、病院で適切な治療を受けましょう。再発しやすいので、日々の食事の見直しも欠かせません。

26

深刻な心の病気、摂食障害を知ろう

女性アスリートの摂食障害率は一般の2〜3倍。拒食症と過食症を行き来して長期化

女性アスリートの摂食障害発症のリスクは、一般女性より2〜3倍高いという調査結果があります。なかでも審美系競技（体操・新体操、フィギュアスケートなど）、体重・階級制競技（柔道、レスリングなど）、持久系競技（陸上中長距離など）に多いとされています。

摂食障害とは、**神経性やせ症（拒食症）と神経性過食症（過食症）**のことをいいます。どちらか一方だけでなく、それぞれを繰り返すこともあります。2002年から2017年に国立スポーツ科学センターの心療内科を受診した女性トップアスリート43人のなかで「摂食障害」と診断された人は13人で最も多く、次いで「抑うつ障害」「不安障害」でした。しかし、**潜在的な摂食障害はもっと多いのではないか**、との指摘もあります。

食欲コントロールの影に隠れる拒食症の怖さ

前述の13人はすべて過食症でした。では、拒食症のアスリートはいないのかというと、

神経性過食症（過食症）

大量の食物を詰め込むように食べ、そのあとで嘔吐したり、下剤を用いたりして体重増加を防ぐ。自分では止められないと感じ、自己嫌悪感や無力感が強くなる。週1回でも過食があれば治療が必要だと考えられている。

神経性やせ症（拒食症）

精神的な原因によって食行動に異常をきたし、極端にやせてしまう病気。体重増加への強い恐怖があり、ハードな食事制限をする。その反動で過食になることもあり、みずから嘔吐したり、下剤やダイエットサプリを乱用して体重増加を防ごうとする傾向がある。

そうではないと考えられています。

アスリートの場合、拒食症で体重が落ちることを、本人はもちろん周囲の人も「**自己コントロールができている証拠**」などとプラスにとらえてしまい、病気であることを認識しにくい可能性があるからです。

また、拒食症が原因で心身に問題が起きた場合には、抑うつ障害、不安障害など別な疾患で治療を受けている可能性も高いと考えられています。

拒食症は慢性的で重症化しやすい精神障害で、罹患期間の平均は**約6年間**にも及びます。筋力低下、疲労、無月経、低血圧、電解質異常などの身体変化のみならず、脳の萎縮が見られることもあります。自殺による死亡率の高さも指摘されています。

女性アスリートと摂食障害は非常に身近なものだという意識は、選手本人以上に、指導者や家族にも求められるのです。

27

「摂食障害かも？」と思ったら治療をためらわない

女性アスリートの特性は摂食障害患者の性格行動特性に近い

女性アスリートに摂食障害が多いのは、体重管理だけの問題ではないと考える専門家は多いものです。それは、**一般的に「摂食障害になりやすい」とされる心理や行動の特性と、アスリートの特性が似ている**と考えられているからです（左の表参照）。たとえば女性アスリートの場合、男性にくらべて指導者や周囲の期待にこたえたいという思いが強いことや、自分の女性性を否定し、子どものときのままの体格を求めてしまう傾向があります。

もちろん、原因はスポーツだけでなく、これまでの**成長過程も無関係ではありません**。

「摂食障害かもしれない」と気づいた場合には、**心療内科や神経内科など、心の病気の専門家**にかかることをおすすめします。「アスリートがメンタル面でのサポートを受けることは恥ずかしいこと」というイメージが、選手本人にも周囲の人にもあるかもしれません。しかし近年の研究では、病気や精神疾患などの困難を通り過ぎたあとに、これまでとは違う人格の成長や視野の広がりを見せる人が多いことがわかっています（**外傷後成長**）。受診や治療は、次の大きな成長に結びつくのだと信じてほしいと思います。

摂食障害に関係する心理機制と、アスリートの心理

心理機制	アスリートの心理
完璧主義／極端な認知	完璧を求める／金メダルしか意味がない
過剰適応／優等生傾向	指導者にとってのいい子／競技内外で人格者を要請される
コントロール／強迫性	強い自己鍛錬、忍耐、努力
抑圧／失感情	不平不満を言わないのがよいアスリート
自己評価／自己嫌悪	ほんとうの自信を得ることのむずかしさ
衝動性／攻撃性	競争と闘争は必然
成熟拒否／性同一性	生物学的性差が競技パフォーマンスに与える影響

出典：上原徹,2009

摂食障害かも?と思ったらチェック

- □ 体重・体形への関心が高い
- □ 太るのが怖い
- □ 食事の量を減らすことがある
- □ 自分でコントロールできずに、一度にたくさん食べてしまうことがある
- □ たくさん食べたあとに、食べたものを吐いたり、食事を抜いたり、たくさん運動したりする
- □ やせている
- □ 周りからはやせていると言われるが自分ではそうは思わない
- □ カロリーや体重のことで頭がいっぱいになる
- □ 生理がこない、不順になった
- □ 手足が冷えやすい

出典：摂食障害情報ポータルサイト

女性とスポーツ、もっと身近に

女性アスリートの課題を研究するなかで実感するのは、スポーツの世界はまだまだ「男性社会」だということです。確かに国際試合で活躍する女性アスリートはふえていますが、土台となる部分に女性が不足しています。

下のグラフにあるように、スポーツ指導者における女性の割合は、全体の3割にも満たない数字です。さらに、スポーツ団体の役員となると1割未満。上に立つ人に女性が少ないということは、トレーニング方法や大会運営など、多くのものが男性目線になってしまう可能性が高いということです。月経への配慮のなさ、妊娠・出産を経て競技に復帰することへの壁など、分厚い「ガラスの天井」があるのはそのせいかもしれません。

もちろん、男性でも女性の特性を勉強して、適切な指導をするかたも多くいます。養護教諭などと上手に連携をとっている学校もあります。性別だけの問題ではないとも感じます。

しかし、中高生時代にスポーツに熱心にとり組んだ女性たちが、その先もスポーツと関わり続けるかというと、そうではないことも事実です。スポーツ庁の調査によると、女性のスポーツ実施率は20代、30代が特に低く、中学生のころから「運動は体育の授業以外はまったくしない」という女性がふえています。このような状況を変えるためにも、競技を引退したあともスポーツの世界で活躍する女性にもっとふえてほしいと願っているのです。

出典：スポーツ庁ＨＰより
グラフ①　（公財）日本体育協会提供資料よりスポーツ庁作成
グラフ②　内閣府男女共同参画局 平成28年度 女性の政策・方針決定参画状況調べ 女性の政策・方針決定過程への参画状況の推移（総括表）よりスポーツ庁作成

グラフ②
スポーツ団体役員
女性の割合

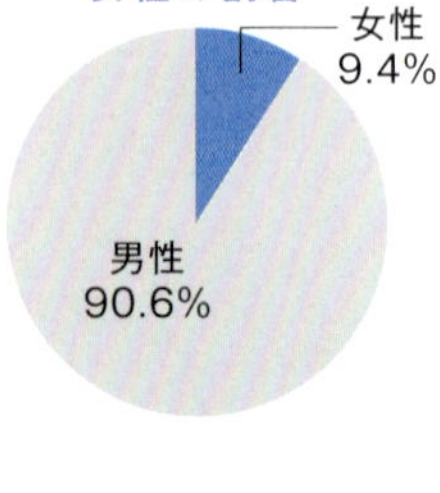

グラフ①
スポーツ指導者
女性の割合

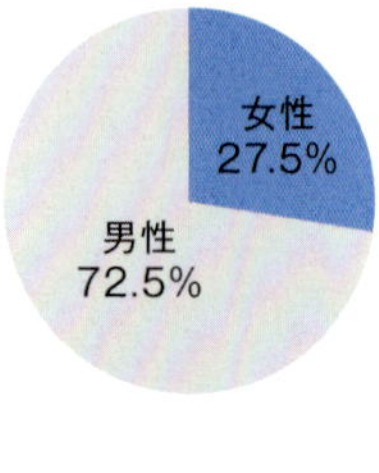

Part 4

女性アスリートが輝くためのコンディショニング

28

コンディショニングについて考える

ピークパフォーマンスに向けて心も体もベストな状態に

「コンディションを整えよう」という言葉はよく耳にすると思います。Conditionは「体調」「健康状態」と訳されることが多いため、「かぜをひかないように」という程度の意味にとらえる人もいるかもしれません。しかし、コンディションを整える（＝コンディショニング）の守備範囲は広く、とても重要な意味を持ちます。

コンディショニングの意味を一言でいうならば、**ピークパフォーマンスに向けて、心も体もベストな状態にもっていくためにできる、ありとあらゆること**です。体調管理はもちろん、トレーニング方法、食事内容、休息や睡眠まで、アスリートにかかわるすべてです。女性であれば、月経周期に向き合うことも重要です。

健康と体調のよさが、勝利への土台

アスリートにとって、すべての努力は「勝利」のためにあります。それは「相手に勝つ」「優勝する」というだけではなく、「自己ベストを出す」「最後までやりとげる」というこ

女性アスリートのコンディショニングに必要な三つの条件

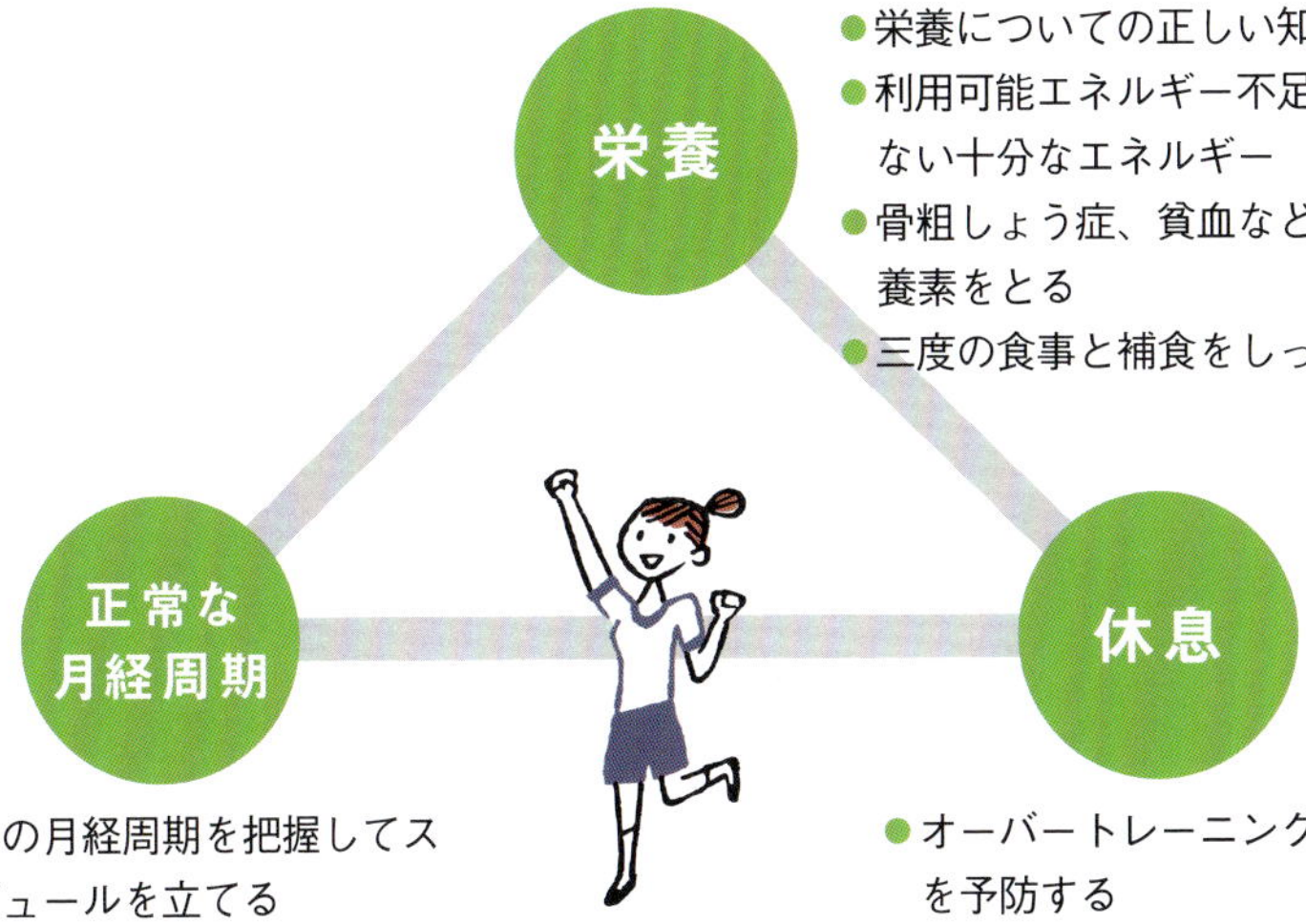

栄養
- 栄養についての正しい知識をもつ
- 利用可能エネルギー不足にならない十分なエネルギー
- 骨粗しょう症、貧血などを防ぐ栄養素をとる
- 三度の食事と補食をしっかりと

正常な月経周期
- 自分の月経周期を把握してスケジュールを立てる
- 月経痛、PMS、過多月経などを改善
- 無月経の場合は専門家に相談

休息
- オーバートレーニング症候群を予防する
- 適切な睡眠、休息の取り方について知る

ともあるでしょう。いずれにせよ、試合で最大の結果を出すのがアスリートの宿願です。

勝負をかける試合で、「体調が悪い」などありえません。**健康であることを大前提としたうえで、「もっといい結果」を引き出せる肉体と、精神状態でなくてはいけません。**

さらに厳しいことを言えば、日々の練習でもベストコンディションを維持できなければ、試合当日に練習よりもいい結果は出せません。たとえば月経痛の腹痛をがまんしながら、全力を出し切れない状態で走ったとして、その日の練習が何かいい結果に結びつくでしょうか。アスリートにとってコンディショニングは、トレーニングと同じくらい重要な勝つための手段なのです。

まずはアスリート自身が自分のコンディションを理解することです。月経周期の把握はその第一歩。そのうえでさらにしてほしいことをこの章ではお話ししたいと思います。

29

利用可能エネルギー不足の改善が必須

コンディショニングの基本は栄養。あなたの食事、それで大丈夫？

コンディショニングを整える第一歩は、食事の見直しです。なかでも重要なことは、**自分の一日のエネルギー量の収支を把握することです**。それが利用可能エネルギー不足の予防や改善に必須だからです。

左ページのような計算をすれば、自分のエネルギー必要量を推定できます。エネルギー摂取量は、少し手間ですが、実際に食べたものをスマホなどで写真をとり、あとで計算してみる必要があります。その結果を差し引くと、エネルギー不足か否かがわかるはずです。**もしも不足しているようであれば、糖質、脂質、たんぱく質をいまより多くとることを意識し、摂取カロリーをふやすように努力してほしいと思います**。

しかし、現実には「そんなことをしたら太ってしまう」と恐れる選手は多いでしょう。その気持ちはとてもよくわかります。それでも、女性アスリートの三主徴を引き起こすことになれば、競技者としてのレベルも低下してしまうのです。指導者とともに減量計画を見直し、正しい栄養教育を行う必要があると思います。

自分のエネルギー必要量を計算しよう

体重		基礎代謝基準値		身体活動レベル		
A kg	×	B kcal／kg／日	×	C	=	kcal

年齢	B
8～9歳	38.3
10～11歳	34.8
12～14歳	29.6
15～17歳	25.3
18～29歳	22.1

※この数値はすべて女性を対象にしたものです。

身体活動レベル	
低い	1.50
ふつう	1.75
高い	2.00

※身体活動レベルとは
18～69歳を対象とした身体活動量の指標です。スポーツを行っている人は「高い」の2.00を選びます。12～14歳は1.90、15～17歳は1.95です。

出典：日本人の食事摂取基準2015年版,2015

こんな食事をしていたら要注意

- □ ごはん、パン、めん類などの炭水化物は食べない
- □ どうしても甘いものが食べたいときは、食事のかわりにお菓子やケーキを食べる
- □ こんにゃくめんや寒天など、カロリーの低いものを常に選ぶ
- □ 菓子パンやスナック菓子など、重さの軽い食品を選びがち（重い食品は体重がふえそうなイメージがある）
- □ パスタやどんぶり物など、1品ですませることが多い
- □ 肉が大好きで、魚はほとんど食べない
- □ 野菜は野菜ジュースでとっているから大丈夫
- □ 練習で帰宅する時間が遅くなるので、夕食はほとんど食べない

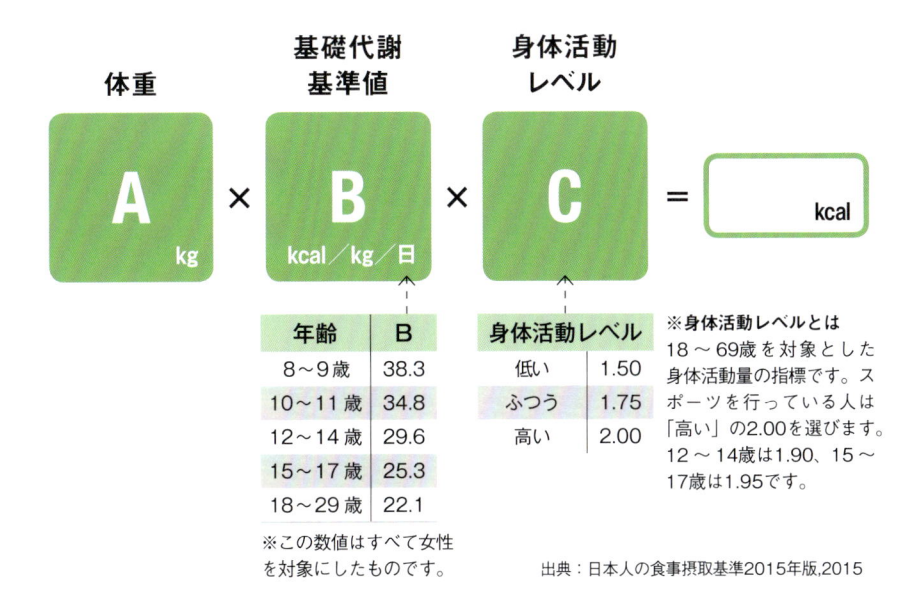

30

タフな女性アスリートをつくる食材は？

人間の体に必要な5大栄養素。それが「あなた」をつくる

You are what you eat.――あなたは、あなたの食べたものでできている。

まさしくそのとおりだと思います。もちろん、夕べの焼き肉がそのまま筋肉の一部になるわけではありませんが、肉は消化されて小さな分子となって体内に吸収され、成長や活動に必要な成分に変化します。その要素となるのが、「食べたもの」に含まれる栄養素です。なかでも重要なのが、糖質、たんぱく質、脂質の３大栄養素です。これらは生命の維持と運動に必要なエネルギーとなり、体をつくる材料となります。さらに微量栄養素であるビタミンやミネラルを加えると、私たちが**健康に生きるために必要な５大栄養素となります**。それが「生命の鎖」として手をつなぎ、輪になって、命を支えてくれているのです。何か一つ不足しても、健康のバランスはくずれてしまうでしょう。

すべてを意識的に食べるのはむずかしいものです。左のリストのうちチェックできない項目にとり組んでみましょう。96ページからは、女性に特にとってほしい栄養素と食品を具体的にご紹介します。

Check!

栄養バランスのとれた食事できてる？

- □ 食べることを楽しむことができる
- □ 規則正しい時刻に食事をとっている
- □ 好き嫌いなく食べている
- □ 主食、主菜、副菜のそろった食事を1日3回以上食べている
- □ 緑黄色野菜は毎食しっかり食べている
- □ 果物を1日3回食べている
- □ 牛乳、乳製品（チーズ、ヨーグルトなど）を1日3回以上食べている
- □ 大豆、大豆製品（納豆やとうふなど）を毎日食べている
- □ 肉、卵、魚介類を含む献立を1日3品以上食べている
- □ いも類、きのこ、海藻からそれぞれ1種類以上、1日1回以上食べている
- □ 運動前・中・後の水分補給は十分にできている
- □ 疲労回復のための補食、水分補給を適切なタイミングにとることができている
- □ 補食の量、内容、タイミングを考えて食べている
- □ お菓子を食べる量とタイミングは考えている
- □ 食品購入時に栄養成分表を見て選んでいる

チェックできない項目は改善していくようがんばって！

骨粗しょう症予防!

強い骨、腱、筋肉をつくる栄養素と食材

丈夫な骨をつくる
カルシウム

丈夫な骨をつくるだけでなく、筋肉のしなやかな動きもサポートする。不足すると足がつりやすくなることも。

1日最低3回は食べる

牛乳

ヨーグルト

チーズ

しらす干し

鉄やビタミンB_1も豊富。すりごまのほうが消化吸収されやすい。

ごま

小松菜、水菜

ひじき

強い腱や骨をつくる
コラーゲン

たんぱく質の一種で、関節を強くなめらかに動かすために必須。血管の強化にも役立つ。

鶏手羽肉

軟骨

牛すじ

たこ、いか

ゼラチン

Point

中高校生の時期は特に、骨量が最も増加するとき。身長を伸ばしたい人にとっても、骨の栄養はたいせつです。そのためには、骨の材料になるたんぱく質と、骨をかたくするカルシウムの摂取が必須。牛乳や乳製品は、たんぱく質とカルシウムを同時にとれるので、食事だけでなくおやつとしてもとりたいものです。カルシウムの吸収と働きを高めるビタミンやミネラルもぜひいっしょに!

筋肉や血液をつくる たんぱく質

骨はもちろん、筋肉や内臓、血液、ホルモン、神経細胞などさまざまなものがたんぱく質でできている。体の材料。

カルシウムの吸収アップ ビタミンD

吸収率の悪いカルシウムをサポート。骨の健康に欠かせない栄養素。

コンディションを整える マグネシウム

カルシウムとともに筋肉をスムーズに動かす働きが。代謝の活性化にも重要。

おすすめメニュー

- 鮭のクリームシチュー
- サーモンと水菜のクリームパスタ
- 中華丼
- 八宝菜
- 軟骨のから揚げ
- 牛すじの煮込み
- 手羽元のカレー

- しらすごはん
- ひじきの煮物

貧血予防!

鉄を補充してくれる食材

鉄を含む食品を1日3回こまめにとろう!

動物性食品に含まれる ヘム鉄

肉や魚を食べるなら、色ができるだけ赤いもの（血液の色）を選ぶと鉄がとれる。

レバー（鶏、豚）

煮干し

牛赤身肉

卵黄

あさり

かつお

植物性食品に含まれる 非ヘム鉄

非ヘム鉄は吸収率が低いので、吸収を高める栄養素をいっしょにとろう。

納豆

小松菜

水菜

枝豆

がんもどき

高野どうふ

切り干し大根

＋

鉄の吸収率を高めるためにいっしょにとりたい

たんぱく質、ビタミンC

Point

一度に吸収できる鉄の量は決まっています。いっぺんに大量にとるのではなく、1日3食、少量でも必ず鉄の多い食品をとるとよいでしょう。吸収率を上げるために、ビタミンCが豊富な野菜とたんぱく質（肉や卵など）とともに。鉄のサプリメントもありますが、とりすぎる危険があります。内臓に負担をかけることもあるので、まずは食べ物から。

オーバートレーニング予防!

疲労回復してくれる食材

疲労のタイプに合わせた食事を

代謝を促進!
筋肉疲労（肉体疲労）

糖質
- ごはん
- パン

＋

ビタミンB_1
- 豚ヒレ肉
- 豚もも肉
- うなぎ

＋

アリシン
- にんにく
- ねぎ
- にら

トレーニングで消費されたエネルギー源を糖質で補いつつ、疲労回復効果のあるビタミンB_1と、その利用率を高めるアリシンを。

免疫力を上げよう
慢性疲労、精神的な疲労

紫外線やトレーニングは体内の活性酸素をふやすため、抗酸化作用のある食品をしっかりとりたい。

ビタミンC
- ブロッコリー
- キャベツ
- いちご

ビタミンE
- かぼちゃ
- アーモンド
- うなぎ
- サーモン

β-カロテン
- レバー
- うなぎ
- モロヘイヤ
- にんじん

ポリフェノール
- チョコレート
- ブルーベリー

食欲がないときには
夏バテ

ムチン
- オクラ、長いも
- モロヘイヤ

夏バテのように、食欲が減退しているときには、スパイスや香味野菜で食欲増進。ネバネバ成分「ムチン」は、消化吸収を助けてくれる。

香味野菜など
- しそ
- 梅干し
- レモン
- スパイスなど

31

これが理想！ 3食の献立メニュー

主食＋主菜＋副菜2品＋汁物＋もう1品 いろいろなものを食卓に

アスリートはたくさんのエネルギーと栄養素を必要としています。それらをしっかりとるためには、三度の食事に何を食べるかが、とてもたいせつなのです。

理想は、3食ともに主食・主菜・副菜2品・汁物・もう1品（果物や牛乳など）の4品を組み合わせることです。「主食」とは、ごはんやパンなどの**糖質**。「主菜」は、肉、魚、とうふなどの**たんぱく質**中心。「副菜」は、サラダや煮物など**野菜、海藻、きのこ**を使った料理。さらにもう1品で不足している栄養素を補充します。みそ汁は案外便利で、海藻や貝類、大豆製品が手軽にとれます。そこに牛乳やヨーグルトを加えたら完璧です。糖質も、たんぱく質も、脂質も、単品ではうまく代謝されません。相互に影響し合いつつ、ビタミンやミネラルの力を借りてエネルギーや体組織に変化していくのです。

とはいえ、この食事を1日3回とるのは、「言うは易し、行うは難し」です。それでも、「菓子パンとコーヒー」だけだった朝食を「コーヒーに牛乳をたっぷり入れ、サンドイッチ」に変えることから、始めてみませんか。

こんな食事にしてみませんか?

朝食

短時間でサッと準備できるものを

和食なら、おみそ汁にたっぷり野菜や肉を入れれば栄養価がアップします。

昼食

コンビニでも大丈夫!

お弁当を買うときには、おかずの種類が多い幕の内弁当を。

夕食

具だくさんの「なべ」を味方に

外食するときは、定食メニューのあるお店がおすすめ。

32 不足しがちな栄養は「補食」で解決

トレーニングの前後には炭水化物とたんぱく質をチャージ

前ページで理想の食事メニューを紹介しましたが、激しい練習を重ねる中で、3回の食事だけで必要な栄養をとりきることはむずかしいものです。そこで、食事の間に食べる補食を味方につけましょう。**補食はおやつではなく、足りない栄養素を補うための食事です**。意識してとりたいのは、エネルギー源になる炭水化物、練習で傷んだ筋肉をリカバーするたんぱく質です。

炭水化物の多い補食は、あんパン、焼きそばパン、おにぎり、カステラ、バナナ、フルーツ100%ジュースなどです。練習前ならゼリー飲料もいいですね。たんぱく質の多い補食は、ヨーグルト、チーズ、ゆで卵、サラダチキンなど。炭水化物とたんぱく質をミックスでとるなら、具の多いおにぎりや太巻きずし、肉まん。コンビニのおでんもおすすめです。牛すじと卵ともちきんちゃくなどを組み合わせて。

スナック菓子はおすすめしません。**ナトリウムとリンの含有量が多く、カルシウムの吸収を妨げるからです**。リンは骨の材料にもなりますが、多すぎると問題になるのです。

タイミングによって補食を選ぼう

ここに示したすべての補食を食べなければいけないわけではありません。
必要なタイミングでとりましょう。

食事 / 補食

朝食

授業

休み時間

授業

昼食

授業

練習

帰宅

夕食

就寝

朝食（食事）

朝ごはんをしっかり食べられなかった場合には、午前中の補食をバランスよく。

午前中（補食）

エネルギーをプラス

おにぎりやサンドイッチ、100%ジュースなどでエネルギーを補って。

昼食（食事）

お弁当や学食、コンビニを利用して多種類の食品をとろう。

練習1時間～30分前（補食）

エネルギー補給

炭水化物を多く含んでいて、胃にもたれないものを。練習中は水分補給を忘れずに。

練習直後（補食）

疲れた体をリカバリー

たんぱく質で傷んだ筋肉を修復し、炭水化物でエネルギーを補充。

夕食（食事）

帰宅時間が遅いために夕食が遅くなるなら、練習後の補食に糖質とたんぱく質をしっかりとって、家では野菜と肉のスープなどを。

33 月経周期のタイプ別、コンディショニング法

指導者にこそ読んでほしい。月経周期の感じ方はこんなに違う

女性アスリートのコンディショニングで、絶対に見過ごしてはいけないものがあります。それが月経周期です。第2章でお話ししたように、月経周期に伴う女性の心身の変化は、練習や試合でのコンディションを大きく左右します。しかも**月経中や月経前に感じる症状や、その強さ、不快さは個人差がとても大きいものです**。

次のページからは、巻頭のチャートテストの結果別にアドバイスをさせていただきます。テストをした選手はもちろんですが、**指導者のかたがたにこそ読んでほしいページです**。

男性指導者にとって月経は未知の世界ですが、月経の多様な悩みについて理解していただくことが、パフォーマンス向上の第一歩です。そして女性指導者のかたがたもぜひ読んでください。私自身を顧みても感じることですが、**同じ女性であるだけに、つい「自分とあまり変わらないのではないか」と考えてしまいがち**です。でも、自分が「月経周期に影響を受けないAタイプ」である場合、つらい思いをしている選手の気持ちがわかりにくいこともあるかもしれません。選手一人一人をていねいに観察する一助になれば幸いです。

A
タイプ

月経周期の影響を受けないタイプです

あなたは月経周期によってコンディションの変化を感じることがあまりないようですね。月経痛も軽く、月経前に不調になることもないなんて、うらやましい限りです。

けれど、女性の月経周期の感じ方は年齢によっても変化します。妊娠や出産で変わることもあります。「月経周期の影響がないから、気にしなくていい」のではなく、**月経周期の中で自分の心や体がどう変化するかに目を向けることを始めてみてください**。月経がいつくるのか、排卵はいつなのか。自分の体の変化を感じとることが、コンディションを整えるうえでとてもたいせつです。

そして、もしもあなたの周りに月経周期に関する悩みで練習に集中できない人がいたら、「私は月経中でもがんばっているのに、怠けている」などとは思わないでくださいね。相手のつらさを思いやり、やさしい言葉をかけられるすてきな女性でいてください。

B
タイプ

月経の期間に痛みやつらさがあるタイプです

あなたは月経中に痛みや不快さを感じるタイプのようですね。下腹部痛があったり、頭痛や腰痛に悩まされていたり。ほかにも、下腹部の張り、吐きけ、だるさなどを感じているかもしれません。

痛みが強いときには、鎮痛剤を飲んでいますか？　ギリギリまでがまんして、**痛みがピークになってから飲むよりも、痛みを感じ始めたらできるだけ早く服用しましょう**。痛みの原因となるプロスタグランジンという物質をつくらせないほうがいいのです。

「薬を飲むと癖になるから」と考えて控える人がいますが、1カ月に数回飲む程度であれば、癖になることはありません。

もしも鎮痛剤でも効かないような痛みがあれば、練習や日常生活に影響が出てきます。月経困難症かもしれません。婦人科を受診してみませんか？　低用量ピルを処方してもらい、月経の時期をずらすという方法もあります。

「月経なんて誰にでもあるもの」とがまんする人は少なくありません。でも、勝負にかける日、その瞬間をベストコンディションで迎えるために、専門家のアドバイスは有効です。

C
タイプ

月経の前に体にトラブルがあらわれるタイプです

あなたは月経前になると、体が重く感じられることがあるようですね。胸が張って痛かったり、下腹部が重くなったり、腰痛や肩こりがひどくなるという人もいます。なかには肌荒れやにきび、なんともいえないだるさに悩まされることもあるのではないでしょうか。

このような症状を月経前症候群（ＰＭＳ）といいますが、それが体のほうに強く出る傾向があるといえるでしょう。**このタイプには、月経前から月経中にかけて、体重が増加するという人も少なくありません**。でも、心配ご無用。女性ホルモンの影響で体の水分量がふえることが原因なので、体脂肪がふえているわけではありません。

月経周期によって自分にはどんな不調が出てくるのかを、手帳などにメモしてみましょう。月経前に体重がふえ、月経が終わるころから減っていくということがわかれば、不必要なダイエットなどをしなくてすみますよね。体にトラブルが出るＰＭＳの治療には、低用量ピルで効果がみられるようです。つらいときには専門家のアドバイスを受けるといいでしょう。

D
タイプ

月経の前に心にトラブルが出るタイプです

あなたは月経前になると、気持ちがどんよりしたり、ネガティブなことを考えたりしてしまう傾向があるようですね。これも月経前症候群（ＰＭＳ）が原因です。精神面に影響が出ることもＰＭＳの一つの特徴です。怒りっぽくなったり、落ち着かなくなったり、集中力が低下することもあるようです。

もしかしたら「私ってマイナス思考」「イライラしやすい」などと思うことがあるかもしれませんが、**それは女性ホルモンのせい。性格の問題などではありません**。

自分の月経周期を理解して、「排卵日が過ぎたから、そろそろイライラしやすい時期がくるな」とＰＭＳを迎え撃つような気持ちでいてください。ＰＭＳの時期は、カフェインを控えて、ストレスになることは極力避けたいものです。

このような精神的な症状が特に強く、日常生活に影響を及ぼすようであれば月経前不快気分障害（ＰＭＤＤ）かもしれません。自己コントロールがきかない、眠れない、落ち込みが激しいなどがあれば、一度婦人科を受診しましょう。

E
タイプ

B～Dのミックス型。自分の月経周期を見つめて

あなたは、月経中にも月経前にも悩みが出てしまったり、体にも心にもトラブルをかかえてしまったりするタイプですね。あるいは、すべての症状が少しずつ出てしまうタイプなのかもしれません。

でも、もしかしたら自分の月経周期についてあまり深く意識していないということはありませんか？　まずは月経日記をつけてみてください。できれば基礎体温も。2周期ほど日記をつけていくだけで、「私はこの時期体調がいい」「この時期はイライラしやすい」ということがわかってくるかもしれません。

B、C、Dのアドバイスを一とおり読んでみて、自分に合いそうなアドバイスを参考にしてみてください。「月経痛がいちばんつらいから、Bタイプのアドバイスが役に立ちそう」など、上手に使っていただけるとうれしいです。

34

月経のくる日を早めに知る方法は？

基礎体温を測るのが確実。体温が下がったら月経到来

アスリートにとって、月経がいつからスタートするかはとても重要な問題です。

もちろん、ある程度の予測はつきます。月経は周期的にくるものですから、28日周期の人なら、前回の月経が始まった日から4週間後の同じ曜日に始まるはずです。理屈では。ところが、判で押したように正しい周期で回るケースは少ないものです。**特に月経が始まって5年以内の10代であれば、数日ずれる、数週間ずれるのもやむをえないこと。**

それでも、月経がきた日を記録しておくことはとてもたいせつです。それを目安に、次の月経はだいたいこの時期だろうと予測することができるからです。

正確に月経開始日を知るには、基礎体温を測定するのが一番です。

月経は、基礎体温が高温期から低温期へと変化するときに始まります。朝の基礎体温が前日よりカクンと下がったら「きょうかあした、月経がくる」と思っていいでしょう。そのようにして月経周期を理解していれば、産婦人科を受診するときにも役に立ちます。

月経周期の体の変化に敏感に！

基礎体温表でチェック

排卵を境に、女性の体は卵胞期から黄体期に変化します。そして黄体期が終わり、低温期になると月経開始。この変化を実感するには基礎体温を測ってグラフにするのが一番です。

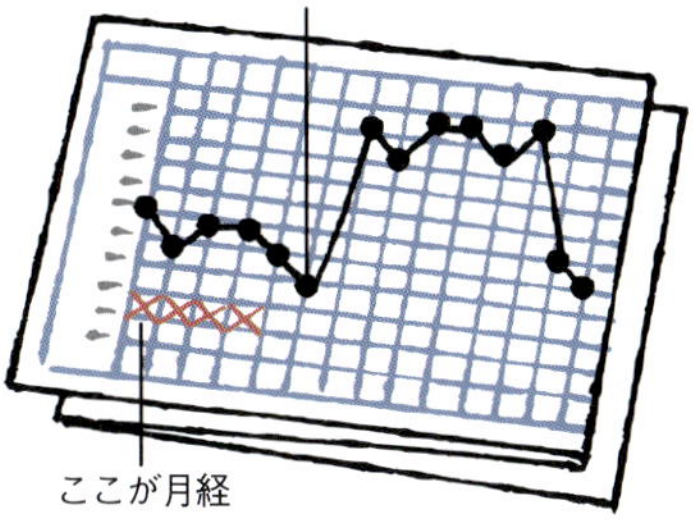
ここが排卵

おりものの変化にも目を向けて

排卵期が近づくと、ねばねばした透明なおりものがふえます。排卵が終わって黄体期に入ると、おりものは白っぽくなり量も減ります。月経直前はさらに減り、やや茶色がかることも。

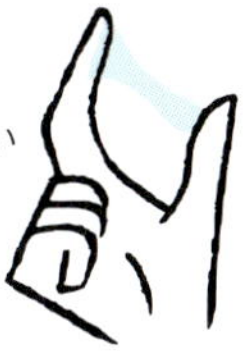
排卵期の
おりものは
粘着性が高い

column

月経について人と話そう

月経は、11歳くらいから50歳くらいまでのほとんどの女性が毎月体験している生理現象の一つです。にもかかわらず、女性同士でさえ気軽に口に出せない雰囲気があります。でも、お母さんや姉妹、友達などと自分の月経についてオープンに話せることがたいせつだと思います。その中で「私はがまんしすぎていたんだ」と気づくかも。保健室の先生や、部活動の女性指導者も頼ってみてください。そして婦人科も女性医師がふえてきましたので、あまり構えずに相談を。

35

試合に向けた月経対策は？

低用量ピルを服用することで月経周期をコントロール

試合や練習日程に合わせて月経をずらしたいとき、頼りになるのが**低用量ピル**です。正式には経口避妊薬（ＯＣ）、低エストロゲン・プロゲスチン配合薬（ＬＥＰ）と呼ばれるホルモン剤です。**これを飲んでいる間は月経がきませんが、服用をやめると2〜3日後に月経がきます**。この働きを利用して、月経を早めたり、遅らせたりするのです。年間を通じて、試合のスケジュールと月経のタイミングを調節することが可能です。

低用量ピルを飲むことで卵巣から分泌される女性ホルモンが低下するため、月経困難症やＰＭＳが改善される場合も多いものです。ドーピング検査に引っかかることもありませんし、パフォーマンスに悪影響を及ぼす心配も無用です。ただし、副作用が出るかどうかは個人差があります。服用を始めて1週間くらいは、吐きけや頭痛、下腹部の痛み、乳房の張りなどがみられることがありますので、目標とする試合の2〜3カ月前には服用を開始して様子を見たいものです。副作用は、飲み続けるうちに改善することが多いようです。

なお、低用量ピルは市販されていません。婦人科を受診して処方を受けましょう。

低用量ピルを使った月経調整の例

低用量ピルは、自然にきた月経の1日目から服用を開始し、
毎日なるべく同じ時刻に服用します。
使い方は薬によって違いますが、代表的なものは
「21日間ピルを服用し、7日間お休み」のパターンです。
早める場合には飲む日数を減らし、遅くする場合には長く服用します。

基本的な服用法

飲み終えて2～3日後に
月経が始まる

21日間服用（1日1錠）｜7日間休薬｜21日間服用（1日1錠）

初めて服用するときは自然にきた月経1日目から服用開始する

早める場合の服用

飲み終えて2～3日後に
月経が始まる

飲み終えて2～3日後に
月経が始まる

21日間服用せずに早めに止める｜7日間休薬｜21日間服用（1日1錠）｜7日間休薬

遅らせる場合の服用

飲み終えて2～3日後に
月経が始まる

21日以上服用を延長する｜7日間休薬｜21日間服用（1日1錠）

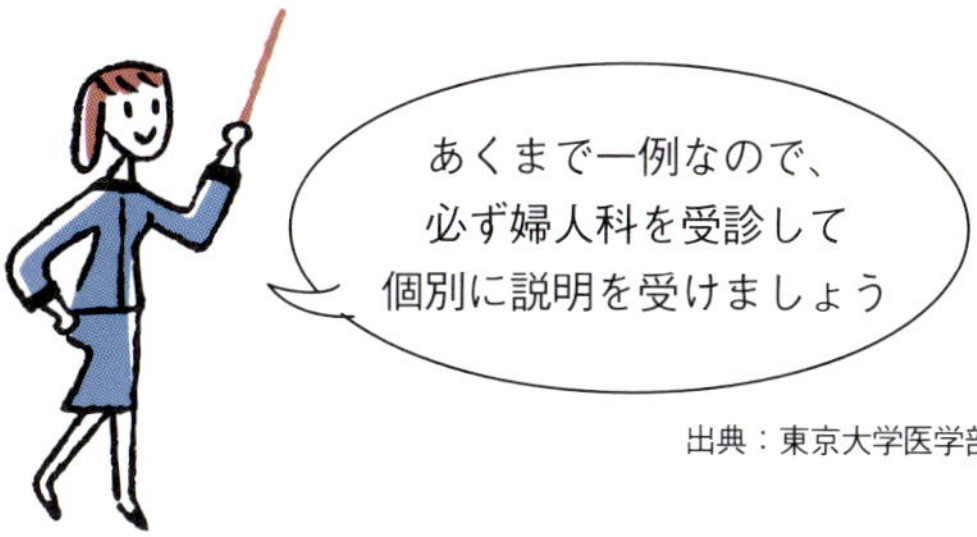
あくまで一例なので、
必ず婦人科を受診して
個別に説明を受けましょう

出典：東京大学医学部附属病院 ,2018

36

月経周期でアスリートが気をつけること

月経中だからパフォーマンスが低下するとは限らない

前述したように、月経周期はコントロールできます。しかし、やみくもに「月経が試合に当たらないように」「大事な合宿だから月経をずらして」などと考える必要はありません。月経困難症やＰＭＳがある、経血がどうしても気になるという場合は必要かもしれませんが、**月経周期による心身の変化が小さめの人は、月経時でも問題なく結果が出せるはずです。**

黄体期（排卵後～月経前）にＰＭＳで心身の状態が悪くなる人もいると思いますが、この時期に「運動パフォーマンスが低下する」と感じている人は少なくありません。しかしながら、卵胞期（月経終了後～排卵期）と黄体期を比較しても、持久力の指標となる最大酸素摂取量などの数値に有意な差はありませんでした。黄体期のほうが脂質を分解してエネルギーにする率が高いこともあり、長時間の持久力を必要とする運動は黄体期のほうが有利かもしれません。注意してほしいのは暑熱（気温が高い）環境での運動です。黄体期は卵胞期に比べて体温が約０・５度ほど上昇します。体温が上がると皮膚の血管が拡張して、筋肉への血流が悪くなるため、持久力が問われるスポーツでのパフォーマンスが低下

暑熱環境では
黄体期に運動がきつく感じられる

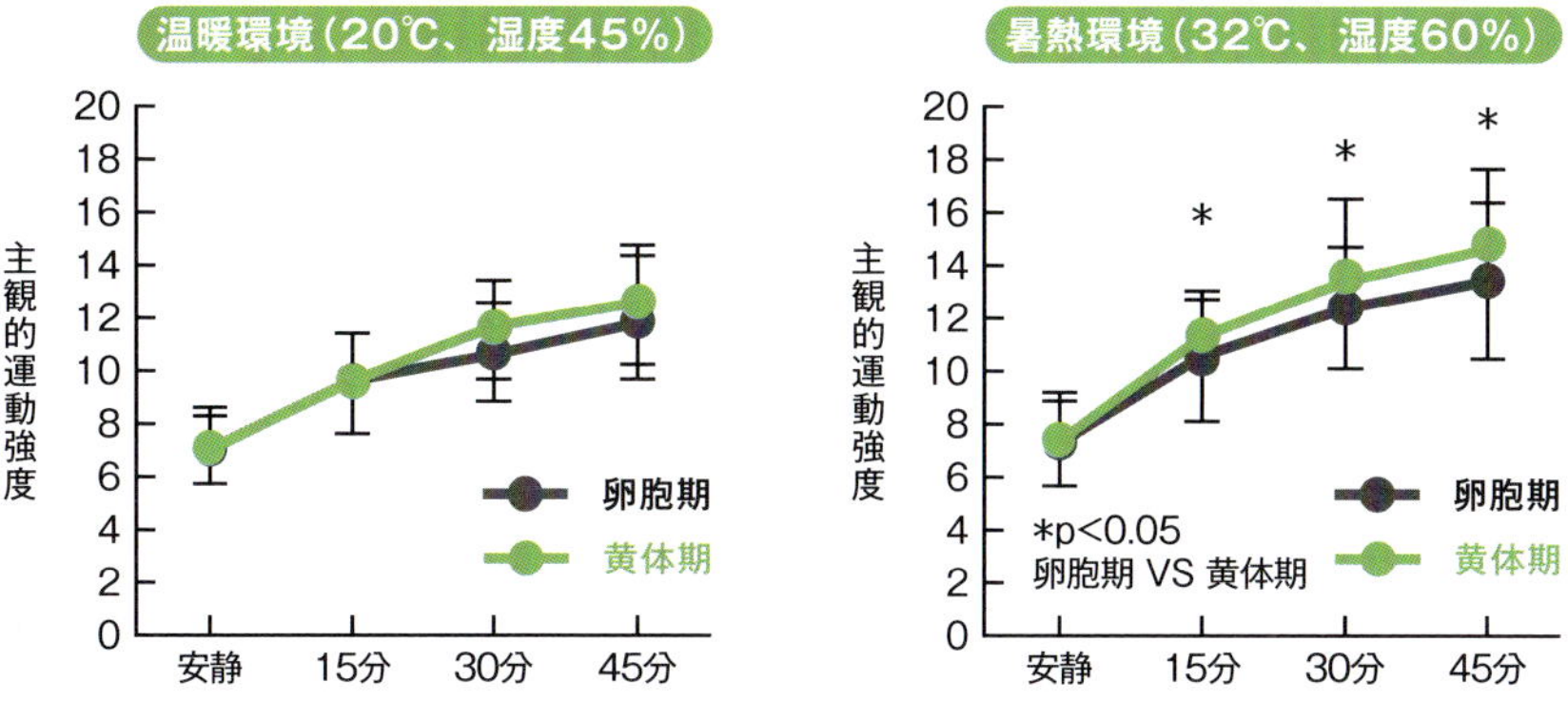

最大酸素摂取量の60%で60分間自転車をこいだときに「キツイ」と感じる度合いを比較。
暑熱時には差が大きくなる。
Janse de Jonge XA et al.,2012 より作図

します。暑熱時のトレーニングや試合は、月経周期を考慮する必要があると思います。

月経周期を味方につけて強くたくましくなる

そのほかにも、女性ホルモンのエストロゲンやプロゲステロンが、筋肉のたんぱく質代謝に影響を与えることがわかっています。また、脂肪の分解作用の高いノルアドレナリンは黄体期に多く分泌されるうえ、基礎代謝も黄体期のほうが高いので、脂肪燃焼効果が高いのは黄体期であるともいわれます。このような研究が進むことで、月経周期に合わせたトレーニングプログラムの開発が生まれるのではないかと期待しています。

月経周期は、将来の妊娠出産のためにだけ必要なものではありません。アスリートの能力向上にも大きな役割を果たすのだということが、広く周知されることを願っています。

37

オーバートレーニングになっていませんか？

練習のしすぎは運動能力の低下につながる

オーバートレーニング症候群とは、**過剰なトレーニングによって運動能力や競技成績が低下し、短期間では回復できない状態**のことをさします。「がんばればがんばった分、結果がついてくる」というのはある意味で真実ですが、ある意味では非科学的です。厳しいトレーニングをすると、筋線維は傷つき、体力レベルもいったん落ちます。それでも体は「こんなにたいへんな思いをさせられるなら、もっと筋肉をふやさなくちゃ」と以前よりもさらに高い体力レベルへと回復するのです。これがトレーニングの効果なのですが、そのためには十分な栄養と休息が絶対に必要です。

休息が不十分である場合はどうかというと、以前の体力水準に戻る前に負荷をかけてしまうため、筋組織は回復されず疲労が蓄積されていきます。その結果、ケガや病気を引き起こしてしまうこともあります。がんばっているのに競技成績が低下する、疲れやすくなる、だるい、立ちくらみがする、集中力が低下している、眠れない、食欲不振、情緒不安定、安静時に心拍数が上昇するなどがあれば注意が必要です。

オーバートレーニング症候群はなぜ起きる?

休養が適切である場合

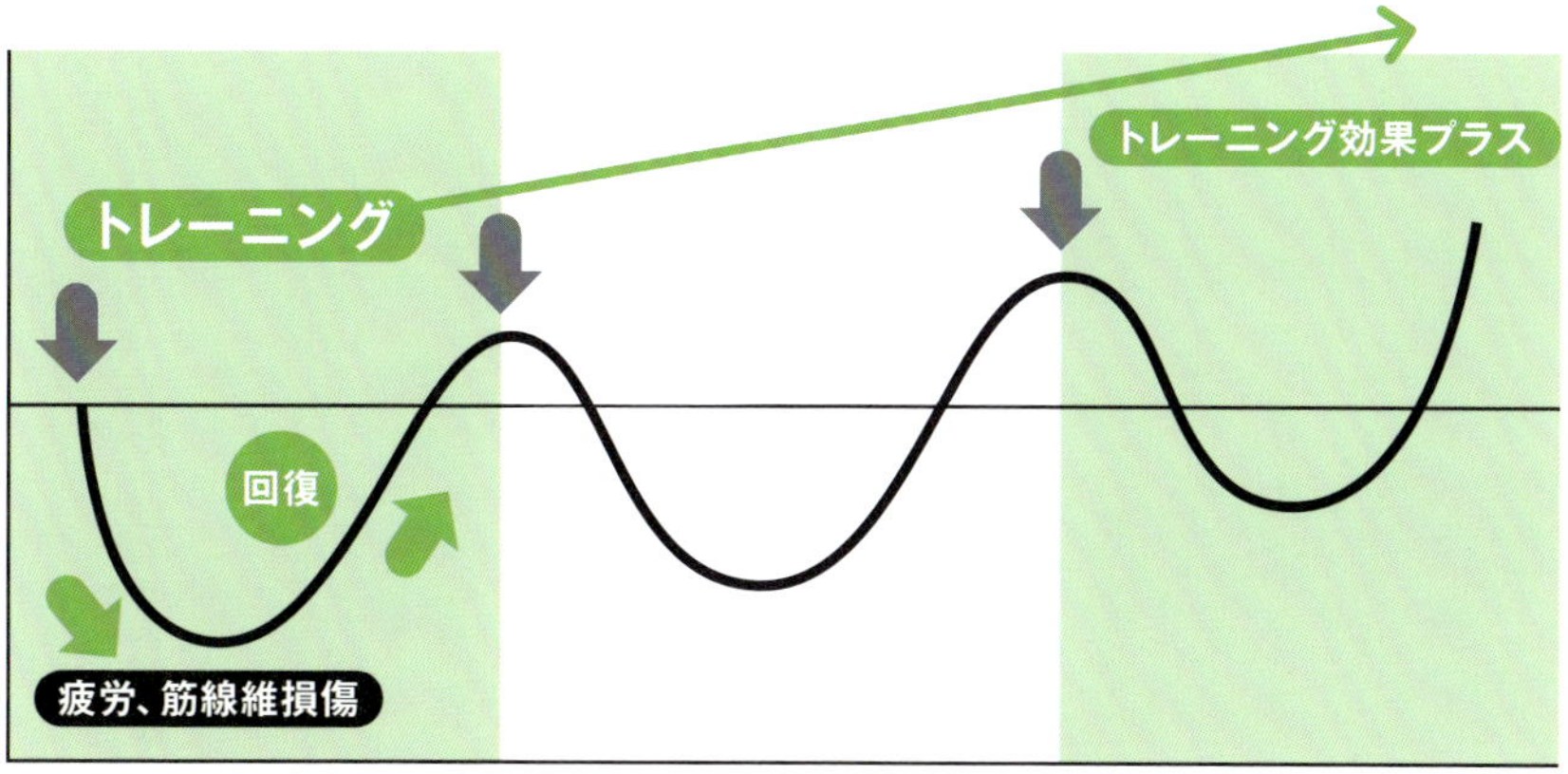

適切に休息をとると、体は以前より高いレベルに回復する。そのタイミングでトレーニングを加えることでさらに体力レベルも高まる。

休養が不適切である場合（オーバートレーニング症候群）

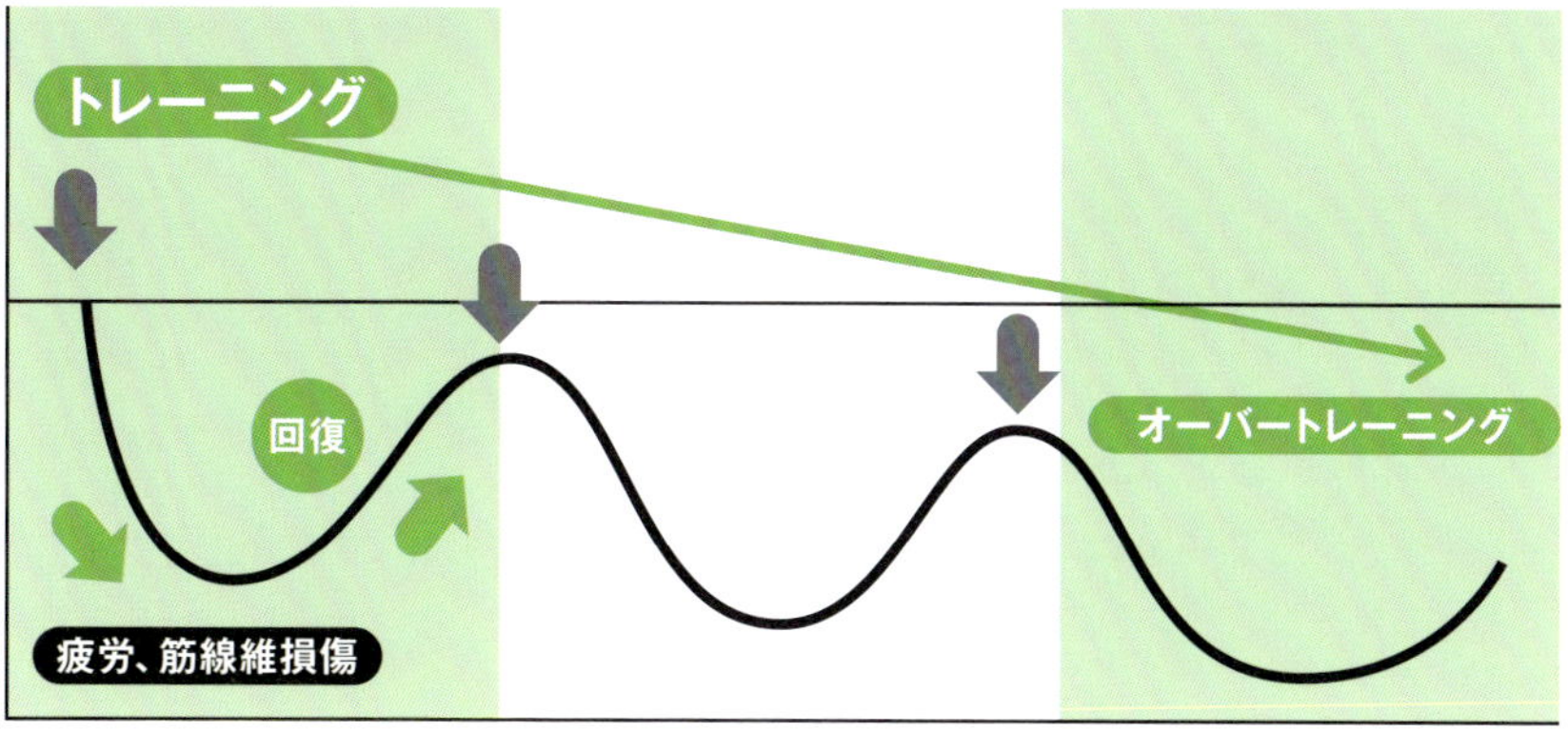

回復する前にトレーニングを加えると、疲労が蓄積してトレーニング効果が下がってしまう。

38

オーバートレーニングを予防するには

ひとりひとりの体力レベルを考えながら指導を

オーバートレーニングにならないためには、トレーニングの頻度を見直す必要があります。**体力向上のための練習の目安は、週3~5回**とされています。「少ない」と感じる人もいるかもしれませんが、**週6回以上のトレーニングをすると、逆にケガや病気などの発症リスクが高まってしまうといわれています**。週2日は練習量を減らしたり、休むという意識を、特に成長期のアスリートに持ってほしいと思います。

練習メニューを作るときには、できるだけ選手ひとりひとりの体力に合わせる必要があります。とはいえ、部活動などでは体力レベルに差がある場合も多いため、むずかしい部分もあるかと思います。その場合にも、レベル別にグループ分けして練習メニューを変えたり、メニューは同じでも量を調節したりできるのではないでしょうか。

もしもオーバートレーニング症候群の症状が見られたら、運動を控えて十分体を休める必要があります。疲労回復に適した食事の工夫も心がけましょう（100ページ）。起床時の疲労感がなくなることが回復の目安です。

オーバートレーニングに気づこう

軽症

なんだか最近、
みんなに遅れがち
だなぁ

日常生活には問題がないものの、トレーニングの強度が上がるとついていけなくなってしまう。

中等症

練習がつらい……
気分が乗らない

軽めのトレーニングにもついていけなくなり、トレーニング強度が上がると練習が続かなくなる。

重症

疲れがとれない。
動くのもだるい……

軽いトレーニングでもできないほどの倦怠感があり、睡眠不足や食欲不振など、日常生活にも影響が出てくる。

39

休息はどのようにとる?

十分な睡眠時間を確保して気持ちをリフレッシュ

練習を休めば休息をとったことになるのか?といえば、そうではありません。休息には2種類あります。一つは**積極的休息（アクティブ・レスト）といって、軽い運動を伴うような休息**です。歩いたり、軽く走ったりといった有酸素運動をすることで血液循環をよくし、酸素を体内にとり込んで、たまった疲労物質をとり除くことが目的です。精神的なリフレッシュにも効果があり、自然の中で過ごす、趣味の活動をするなども含まれます。

もう一つは**消極的休養といって、単純に体を休める**ことです。アスリートは身体的疲労感が強いため、まずはこちらを優先させてください。ただ、寝ているだけでは血流が滞っていくので、ストレッチやマッサージをとり入れるのもいいでしょう。入浴も血流の改善にはおすすめです。最も重視してほしいのが十分な睡眠です、**睡眠不足が続くと自律神経の不均衡を招き、オーバートレーニング症候群と似た症状を示す**ともいわれています。女性の場合、黄体期には夜の睡眠が浅くなったり、日中に眠けに襲われたりすることもあるので注意が必要です。

積極的休養

- ウオーキング、ジョギング、ストレッチなどの軽い運動
- 友達と会う、趣味の活動をする
- 自然の中で過ごす

消極的休養

- 十分な睡眠をとる
- ゆったりと入浴、マッサージ

★ゲームやスマホのやりすぎは睡眠の妨げに

睡眠不足は体重管理の大敵

また、慢性的な睡眠不足が体内のホルモン分泌などにもかかわりがあることがわかってきました。ある研究では、4時間睡眠を2日間続けただけで、10時間眠った日にくらべて食欲を抑えるホルモン（レプチン）の分泌が減少したのです。一方で食欲を高めるホルモン（グレリン）の分泌がふえ、食欲が増大することがわかりました。また、深夜に食事するなど体内時計と食事の時間にズレが生じると、通常の時間に食事をしたときにくらべて脂肪の蓄積がふえるという研究結果もあります。**正しい睡眠は体重管理するうえでもたいせつなのです**。ハードな練習で睡眠時間が十分にとれないことも多いかもしれません。でも、ゲームやスマホなどを夜中にすることは控え、少しでも早く眠ってください。

40

心が疲れたときの言葉かけは?

指導者に「見ててもらえる」ことが安心感につながる

最後に、女性アスリートを支える周囲の人たちにメッセージを送りたいと思います。

ここまでお話ししてきたように、女性アスリートは男性にはない月経周期の中で競技を続けています。さらに、**女性特有の物事の受け止め方、表現のしかたがあります**。男性は結果を重視しますが、女性は過程をたいせつにしがちです。結果がどうであれ、努力した過程を認められることでまたあしたからがんばれる選手も多いのです。また、仲間関係を男性以上に重視する傾向がありますので、イエス・ノーをはっきり言えない傾向もあります。

元新体操オリンピック選手であり、現在は指導者としても活躍する村田由香里さん（34ページインタビュー参照）は、指導者の言葉がいかに影響力を持つかを実感していると言います。「選手は、コーチや先生に『ここがよくなったね』と**小さな努力を認められることで、ちゃんと見守られている安心感**をもちます。自分が指導者になり、指導者は目立つ選手に声をかけがちになることに気づきました。けれど、すべての子に目を向け『見ているよ』とさまざまな形で伝えることが、彼らのエネルギーになるのだと思います」。

女性アスリートのメンタルの傾向

「がんばっていない」がつらい

結果よりも過程を重視する傾向がある場合、この言葉は想像以上のダメージが。月経周期などで、やりたくても体が動かないこともあることを理解して。

しかるより、ほめてほしい

気になる部分がたくさんあったとしても、その中のいい部分に着目してほめることがやる気の向上につながる。ささいな部分ほど「見てくれている」と実感できる。

コーチに気づいてほしい

コーチに不満や希望があっても口に出さない選手も多いもの。何も言わない子、従順に従っている子の思いにも気づいてあげて。

「みんないっしょに」が重要

勝つことと同じくらい、仲間との関係を重視するのが女性アスリートの傾向。えこひいきや、選手同士の比較は、関係に亀裂をもたらすので注意して。

じっくり話を聞いてほしい

悩みをかかえている選手に相談された場合には、意見を言うのではなく聞き役に徹することが大事。最終的には自分の中の答えを導き出すはず。

おわりに

運動は、健康の維持増進や競技力向上のために必要不可欠であることは周知の事実です。運動することで筋肉がつき，心肺機能が向上し、身体が鍛えられます。

しかし、運動の効果はそれだけではありません。内面的な心の成長にもつながります。たとえば、相手を思いやるやさしく豊かな心、努力して困難に打ち克つ精神力、ルールやマナーを守って行動する規律性などを養うことができます。

仲間といっしょに運動やスポーツにとり組むことによって、得られることはたくさんあるのです。年齢や男女を問わず、多くのかたに運動やスポーツを楽しんでほしいと思います。

ところが、運動はやり方をまちがえるとたちまち健康を害することになります。

特に、身体が未発達の成長期には十分に気をつけなければなりません。運動による障害を防ぐためには、専門的な知識を持った指導者や子どもの変化に気づくことができる保護者の存在が重要になります。

近年、スポーツ科学は急速に発展し、安全で効率的なトレーニング方法が確立されてきています。

この本は、科学的根拠にもとづいた正しい知識を指導者や保護者のかたに伝え、一生懸命にトレーニングに励んでいる女性アスリートたちを支えるために役立ててほしい、そしてオーバートレーニングや極端な減量によって健康を害する女の子がいなくなってほしいという思いで作りました。

本の出版にあたり、たくさんのかたにご協力をいただきました。主婦の友社の志岐麻子さん、神 素子さんがていねいに導いてくださったおかげで私の考えや想いをわかりやすくまとめることができました。

また、インタビューに協力してくださった日本体育大学の青柳 徹先生、村田由香里先生、髙木美帆先生、松田知華さん、栄養に関する情報をご提供いただきました帝京大学の亀本佳世子先生、お忙しい中、本当にありがとうございました。そして、いつも支えてくれる家族にも心から感謝の意を表します。

最後になりましたが、この本を手にとってくださったかたと女性アスリートたちのますますのご健勝とご活躍を心からお祈りいたします。

須永美歌子

参考文献

安部　孝，福永哲夫，日本人の体脂肪と筋肉分布，杏林書院（東京），1995
Bunt JC et al., Impact of total body water fluctuations on estimation of body fat from body density. Med Sci Sports Exerc. 21, 96-100. 1989
杉原　隆，「やる気になったとき」と「やる気をなくしたとき」の競技動機の分析．平成3年度日本オリンピック委員会スポーツ医・科学研究報告，スポーツタレントの発掘方法に関する研究第3報，1991
Froberg K et al., Sex differences in endurance capacity and metabolic response to prolonged, heavy exercise. Eur J Appl Physiol Occup Physiol. 52, 446-450, 1984
Tarnopolsky LJ et al., Gender differences in substrate for endurance exercise. J Appl Physiol. 68, 302-308, 1990
東京大学医学部附属病院　女性診療科・産科，Health Management for Female Athletes Ver.3ー女性アスリートのための月経対策ハンドブックー，2018
須永美歌子，Journal of training science for exercise and sport，28, 7-10, 2017
日本体育大学，スポーツ庁委託事業，女性アスリート育成・支援プロジェクト，「月経周期を考慮したコンディショニング法」，https://www.nittai.ac.jp/female/，2018年6月20日
Nakamura Y et al., Hormonal responses to resistance exercise during different menstrual cycle states. Med Sci Sports Exerc, 43, 967-973, 2011.
Schaal K et al., Reduced catecholamine response to exercise in amenorrheic athletes. Med Sci Sports Exerc, 43, 34-43, 2011.
上原　徹，アスリートにみられる摂食障害，スポーツ精神医学，6，30-35，2009
Janse de Jonge XA et al., Exercise performance over the menstrual cycle in temperate and hot, humid conditions. Med Sci Sports Exerc. 44, 2190-2198, 2012

須永 美歌子

Mikako Sunaga

日本体育大学教授

日本体育大学児童スポーツ教育学部教授、博士（医学）。

運動時生理反応の男女差や月経周期の影響について検討し、女性のための効率的なコンディショニング法やトレーニングプログラムの開発をめざして研究にとり組んでいる。

日本オリンピック委員会強化スタッフ（医・科学スタッフ）、日本陸上競技連盟科学委員、日本体力医学会理事、日本産科婦人科学会女性ヘルスケア委員会・女性アスリートヘルスケア小委員会委員などを務める。

STAFF

ブックデザイン／ ohmae-d
イラスト／福々ちえ
撮影／黒澤俊宏（主婦の友社）
構成・文／神素子
編集担当／志岐麻子（主婦の友社）

女性《じょせい》アスリートの教科書《きょうかしょ》

2018年8月20日　第1刷発行

著　者　須永《すなが》 美歌子《みかこ》
発行者　矢﨑謙三
発行所　株式会社主婦の友社
〒101-8911　東京都千代田区神田駿河台2-9
電話　03-5280-7537（編集）
03-5280-7551（販売）
印刷所　大日本印刷株式会社

●本書の内容に関するお問い合わせ、また、印刷・製本など製造上の不良がございましたら、主婦の友社（電話03-5280-7537）にご連絡ください。
●主婦の友社が発行する書籍・ムックのご注文は、お近くの書店か主婦の友社コールセンター（電話0120-916-892）まで。
＊お問い合わせ受付時間　月～金（祝日を除く）　9：30 ～ 17：30
●主婦の友社ホームページ　http://www.shufunotomo.co.jp/

ISBN978-4-07-432509-2